职业教育新形态系列教材
1+X职业技能等级证书培训教材

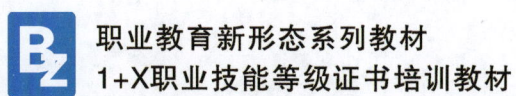

网店运营推广（初级）

WANGDIAN YUNYING TUIGUANG (CHUJI)

主　编：吴佩莹　周泳江　区国贤
副主编：伍尚祺　邓伟超　邹志伟

中国地质大学出版社
ZHONGGUO DIZHI DAXUE CHUBANSHE

图书在版编目(CIP)数据

网店运营推广.初级/吴佩莹,周泳江,区国贤主编.—武汉:中国地质大学出版社,2023.7
ISBN 978-7-5625-5642-8

Ⅰ.①网… Ⅱ.①吴… ②周… ③区… Ⅲ.①网店-商业经营-教材 Ⅳ.①F713.365.2

中国国家版本馆 CIP 数据核字(2023)第 150693 号

网店运营推广(初级)		吴佩莹　周泳江　区国贤　主编
责任编辑:张旻玥	选题策划:张　琰　张旻玥	责任校对:武慧君

出版发行:中国地质大学出版社(武汉市洪山区鲁磨路388号)　　邮编:430074
电　　话:(027)67883511　　传　　真:(027)67883580　　E-mail:cbb@cug.edu.cn
经　　销:全国新华书店　　　　　　　　　　　　　　　　　　http://cugp.cug.edu.cn

开本:787 毫米×1 092 毫米　1/16　　　字数:295 千字　印张:11.5　插页:1
版次:2023 年 7 月第 1 版　　　　　　　印次:2023 年 7 月第 1 次印刷
印刷:湖北睿智印务有限公司
ISBN 978-7-5625-5642-8　　　　　　　　　　　　　　　　　　定价:58.00 元

如有印装质量问题请与印刷厂联系调换

前　言

《国家职业教育改革实施方案》(职教20条)提出,鼓励职业院校学生在获得学历证书的同时,积极取得多类职业技能等级证书,即实施"学历证书＋若干职业技能等级证书"(1+X证书)制度试点,提升就业创业本领,缓解结构性就业矛盾,真正培养社会适需的复合型技术技能人才。

为贯彻落实《国家职业教育改革实施方案》,积极推动"学历证书＋若干职业技能等级证书"制度试点,进一步完善相关行业技术技能标准体系,为技术技能人才教育和培训提供科学、规范的依据,我们结合区域当前相关行业发展实际情况,在《网店运营推广职业技能等级标准》的基础上,编写出版了《网店运营推广(初级)》。

通过学习本书,可以使学习者对网店运营形成系统而清晰的认知。本书在编写过程中,调研了大量的电子商务龙头企业网店运营相关的岗位,分析了企业对网店运营岗位的技能要求,并结合了多年以来校企双元合作经验。本书具有以下特色:

(1)根据区域产业优势和专业特点,分析适应服务产业转型升级的网店运营人才培养的需求,并考虑中等职业学生的文化背景和认知习惯,有针对性地收集编写与电商行业相关的教材内容和实训实操。

(2)突出"以能力为本位,以就业为导向"的职业教育特色,强调教材内容与岗位技能零距离对接。根据网店经营与管理工作中岗位设置、任务分工及业务流程的要求,组织理论知识学习和实训实操。本书利用二维码提供教材所需的题库、课件、微课、视频资源等,资源类型丰富,提高了学习的便利性和趣味性,方便教师教学与学生自学。

(3)多位电商企业的网店经营管理专家参与了本书的编写,确保学习内容与电商企业真实运营同步,而且把企业真实的网店运营工作提炼出来作为实训项目,辅以必要的理实一体化习题,帮助学生提升综合竞争力。

本书由吴佩莹、周泳江、区国贤担任主编,吴佩莹负责总体策划、组织,并负责模块一、三的编写;周泳江、区国贤负责模块二、四、五的编写;电商企业人员和专业教师伍尚祺、邓伟超、邹志伟担任副主编,负责全书图片、短视频拍摄、后期剪辑以及五个附录部分的编写。全书由吴佩莹统稿、主审。

本书编写得到了诸多电子商务龙头企业以及中国地质大学出版社的精心指导和大力支持。在此,特向各位提供帮助、支持和信息分享的专家、学者表示衷心的感谢!

由于网店运营涉及的内容具有较强的时效性,加之编写时间及编者经验、水平有限,书中难免存在不足之处,恳请广大读者朋友不吝批评指正,以使本书日臻完善。

编者

2023 年 7 月

本书素材使用方法

步骤 1：下载智慧职教 APP 注册

步骤 2：使用智慧职教 APP 扫码入班

步骤 3：扫码下载教材配套素材包

目　录

模块一　网店开设 …………………………………………………………… (1)
　一、岗位要求 ……………………………………………………………… (1)
　二、实训内容 ……………………………………………………………… (1)
　三、知识结构 ……………………………………………………………… (1)
　四、知识解读 ……………………………………………………………… (2)
　五、例题精解 ……………………………………………………………… (4)
　六、同步练习 ……………………………………………………………… (7)
　七、实战案例 ……………………………………………………………… (12)

模块二　网店装修 …………………………………………………………… (44)
　一、岗位要求 ……………………………………………………………… (44)
　二、实训内容 ……………………………………………………………… (44)
　三、知识结构 ……………………………………………………………… (45)
　四、知识解读 ……………………………………………………………… (46)
　五、例题精解 ……………………………………………………………… (50)
　六、同步练习 ……………………………………………………………… (54)
　七、实战案例 ……………………………………………………………… (60)

模块三　网店基础操作 ……………………………………………………… (72)
　一、岗位要求 ……………………………………………………………… (72)
　二、实训内容 ……………………………………………………………… (72)
　三、知识结构 ……………………………………………………………… (73)
　四、知识解读 ……………………………………………………………… (75)
　五、例题精解 ……………………………………………………………… (79)
　六、同步练习 ……………………………………………………………… (83)
　七、实战案例 ……………………………………………………………… (90)

模块四　网店客户服务 ……………………………………………………… (112)
　一、岗位要求 ……………………………………………………………… (112)
　二、实训内容 ……………………………………………………………… (112)

三、知识结构 …………………………………………………… (113)
　　四、知识解读 …………………………………………………… (115)
　　五、例题精解 …………………………………………………… (119)
　　六、同步练习 …………………………………………………… (124)
　　七、实战案例 …………………………………………………… (131)
模块五　运营数据分析 ……………………………………………… (149)
　　一、岗位要求 …………………………………………………… (149)
　　二、实训内容 …………………………………………………… (149)
　　三、知识结构 …………………………………………………… (149)
　　四、知识解读 …………………………………………………… (150)
　　五、例题精解 …………………………………………………… (152)
　　六、同步练习 …………………………………………………… (156)
　　七、实战案例 …………………………………………………… (163)
主要参考文献 ………………………………………………………… (169)
附　录 ………………………………………………………………… (170)

模块一 网店开设

一、岗位要求

◇ 能完成个人和企业账号的注册。
◇ 能开通个人和企业淘宝店铺。
◇ 能完成淘宝店铺基本设置。
◇ 能完成不同员工子账号的创建和权限设置。

二、实训内容

本实训模块分为两个岗位任务,即店铺注册及认证和店铺基本信息设置。让学生从整体上了解网店开设的条件、主流的电商与跨境电商平台、不同平台申请的门槛以及与网店运营相关的法律法规,了解网店运营的环境和载体,并为下面几个模块的学习奠定基础。

三、知识结构 （图1-1）

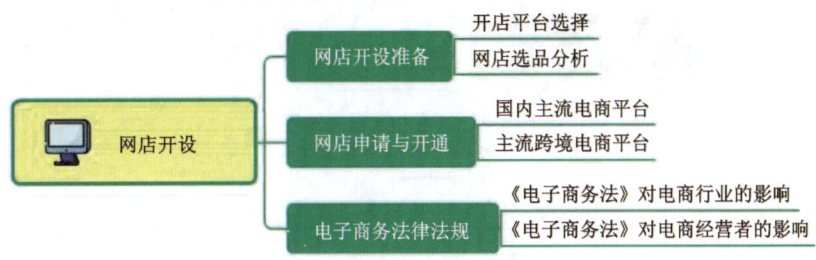

图1-1 网店开设思维导图

【实训目标】

 知识与技能

1.了解电子商务的法律规范
2.熟悉主流电商平台的优势及特点

3. 熟悉网店选品主要货源渠道
4. 掌握网店选款的方法
5. 掌握网店商品定价的原则
6. 掌握主流平台网店申请与开通的方法
7. 能完成店铺的注册及认证
8. 能对店铺的基本信息进行合理的设置

过程与方法

在讲授中体会提出问题、分析问题、解决问题的过程,培养问题意识和解决问题的能力。

情感态度与价值观

通过理实结合的学习过程,培养学生的法律意识,提高学生网店运营的兴趣和实操能力。

四、知识解读

教学重点

作为网店运营人员应该了解每个平台的特点和优势,结合实际情况选择合适的入驻平台。除此之外,业内素有"七分选品,三分运营"之说,所以选品对网店运营特别重要。因此,本模块的教学重点是网店平台选择和网店选品分析。

1. 网店平台选择(图1-2)

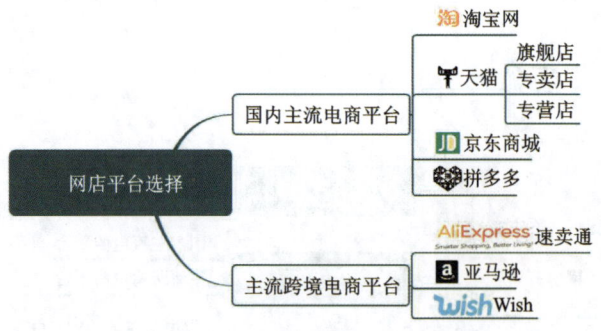

图1-2　网店平台选择思维导图

2. 网店选品分析(图1-3)

教学难点

2019年1月1日《电子商务法》正式颁布执行,如何合法合理地进行网店的运营,是每个网店从业者需要进行的必修课。而如何对法律条款进行正确解读并运用到具体的运营业务中,是一个难点。因此,本模块的教学难点是《电子商务法》对

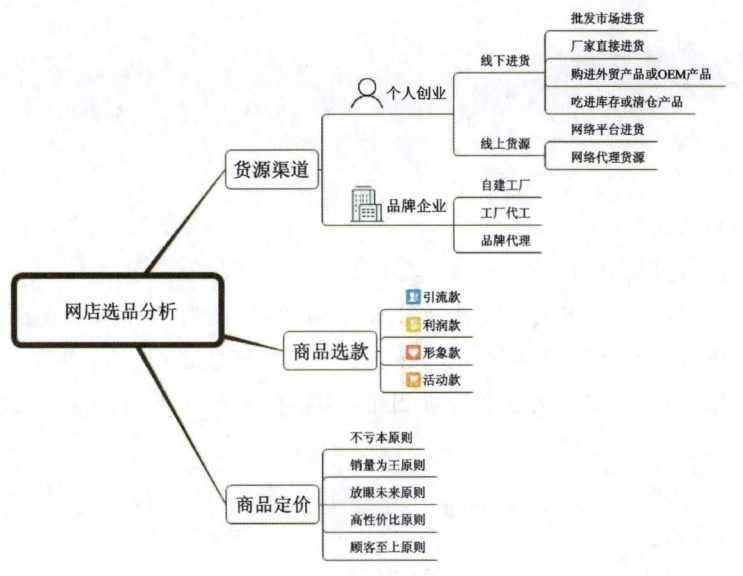

图1-3 网店选品分析思维导图

电商行业和电商经营者的影响。

1.《电子商务法》对电商行业的影响（图1-4）

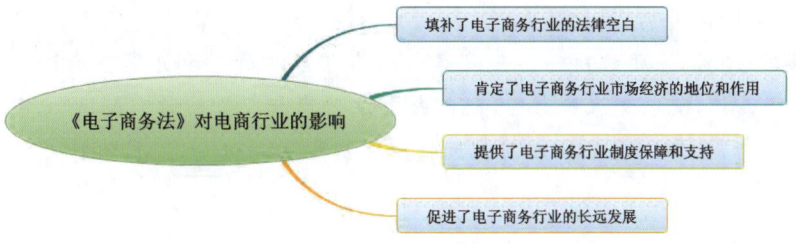

图1-4 《电子商务法》对电商行业的影响

2.《电子商务法》对电商经营者的影响（图1-5）

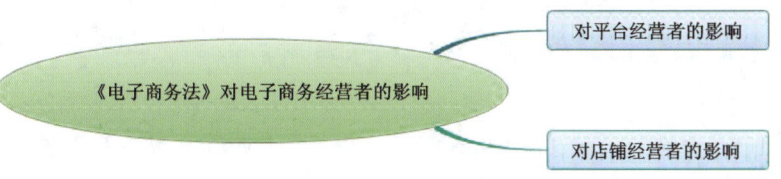

图1-5 《电子商务法》对电商经营者的影响

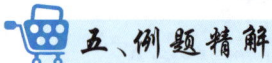

五、例题精解

模块 1.1

(一)判断题

(1)阿里巴巴网(http://www.1688.com)是货源平台。

解析：根据网店的目标消费者选择合适的货源，是网上开店获得成功的关键。卖家可以通过优质的 B2B 平台选择生产厂家，阿里巴巴网是国内最大的 B2B 平台，可以通过分析厂家信用度等综合因素，选择优秀的厂家提供货源，突破地域货源的局限性。

正确答案：正确

(二)单选题

(1)旗舰店店铺入驻天猫平台保证金为(　　)。

A. TM 标 10 万，R 标 5 万

B. TM 标 8 万，R 标 2 万

C. TM 标 8 万，R 标 4 万

D. TM 标 10 万，R 标 3 万

解析：R 标，表示该商标已在国家商标局进行注册申请并审查通过，成为注册商标。TM 标，既包含注册商标，也包含未注册商标。即标注 TM 的文字、图形或符号是商标，但不一定已经注册。天猫旗舰店规定保证金 TM 标 10 万元，R 标 5 万元。

正确答案：A

(2)京东的店铺类型有(　　)。

A. 企业店、个人店、专卖店

B. 企业店、专卖店、专营店

C. 旗舰店、专卖店、专营店

D. 旗舰店、个人店、专卖店

解析：京东店铺类型中，旗舰店是指卖家以自有品牌或由权利人出具的在京东开发平台开设品牌旗舰店的独占授权文件，入驻京东开放平台的店铺；专卖店是指卖家持他人品牌授权文件在京东开放平台开设的店铺；专营店是指经营京东开放平台相同一级类目下两个及以上他人授权或自有品牌商品的店铺。

正确答案：C

(三)多选题

(1)商品定价要掌握的原则是(　　)。

A. 不亏本原则

B. 高性价比原则

C. 销量为王原则

D. 超低价原则

解析：商品的定价是在激烈的网商竞争中是否能脱颖而出，能长久经营的关键。商品的定价遵循五大原则。①不亏本原则：不能亏本出售，越卖越亏。②销量为王原则：销量是影响网民作出购买选择的重要决定因素。③放眼未来原则：在预期的折扣促销活动中，定价是调控产品的一个筹码，要未雨绸缪，放眼未来。④高性价比原则：消费者的心理活动需要经历一个物美价廉的比较过程，高性价比不光指低价格，也包括高质量。⑤顾客至上原则：在网络环境中，顾客决定商铺卖什么，店铺需要做出更加符合客户的更精准的定价。

正确答案：ABC

（2）个人创业货源渠道主要包括线下进货和线上货源两种方式。其中，线下进货方式包括（　　）等。

A. 批发市场进货

B. 厂家直接进货

C. 网络平台进货

D. 网络代理货源

解析：个人创业一般资金不多，经营规模不大。如果附近的地域存在合适的线下供货条件，可以考虑线下进货。线下进货的方式以下几种。①批发市场进货，这是最常见的进货渠道，在批发市场进货需要具有强大的议价能力，同时要和批发商建立良好的关系。②厂家直接进货，正规的厂家货源充足，信用度高，但要求个人创业者具有足够的资金储备和高效的分销渠道，以降低压货的风险。③外贸商品的尾单，质量优，价格低廉，但一般要求全部吃进，要求个人创业者有较强的经济实力。④吃进一般的库存或者清仓产品，此类产品的价格极低，但是此类产品的缺点就要求经营者能鉴别质量，把握市场的趋势，快速分销产品。

正确答案：AB

模块 1.2

（一）单选题

（1）自主申请入驻京东的商家，默认经营模式为（　　）。

A. FBP

B. SOPL

C. LBP

D. SOP

解析：目前自主申请入驻京东的商家，默认经营模式为 SOP 模式。而 FBP、LBP 等模式是邀请制，需要提前与招商联系，在招商复审开店时可改为想申请的经营模式。

正确答案：D

(2)下面哪个不属于亚马逊产品跟卖的优势？（　　）

A. 利润率高

B. 带来高曝光度和流量

C. 获得快速的订单转化

D. 订单量暴增，稀释ODR

解析：亚马逊跟卖是指亚马逊允许在别人创建的产品页面下销售同样的产品。跟卖的优势：跟卖的产品一般流量大、曝光高，在这样一个listing下跟卖，往往能为店铺带来高曝光；跟卖商品为热门商品，尤其是抢到黄金购物车之后，能获得快速的订单转化；订单量暴增，可以稀释订单缺陷率（ODR）。

正确答案：A

（二）多选题

(1)针对国内网络零售市场，京东提供了三类入驻平台，分别是（　　）。

A. C2B拼团平台

B. 第三方零售平台

C. 自营零售平台

D. 京喜拼购平台

解析：针对国内网络零售市场，京东提供了三类入驻平台：一是针对POP商家的第三方零售平台，二是针对京东自营供应商的自营零售平台，三是针对拼购兼社交渠道"玩家"的京喜平台。

正确答案：BCD

(2)想要获得BuyBox的基础条件有（　　）。

A. 账号为专业卖家账号

B. 商品有库存，不能为二手货

C. 高卖家评价

D. 出售商品至少3~6个月

解析：亚马逊BuyBox是指黄金购物车，获得黄金购物车要具备3个基本条件：该账号是专业卖家账号，出售商品至少2~6个月，新账号一般会在3个月左右获得黄金购物车的权利；商品要有库存，不能是二手货；高卖家评价。

正确答案：ABC

模块 1.3

（一）单选题

(1)下列选项哪个表明《电子商务法》促进了电子商务行业的长远发展？（　　）

A. 线上线下地位平等、融合发展

B. 推动电子商务诚信体系化建设

C. 电子商务将被纳入国民经济和社会发展规划

D.明确了店铺经营者自身的责任和义务

解析：《电子商务法》指出，国务院和省、自治区、直辖市人民政府应当将电子商务行业发展纳入国民经济和社会发展规划，制定科学合理的产业政策，促进行业创新发展，从国家层面规划电子商务行业的未来发展。

正确答案：C

（2）《电子商务法》出台的最大意义在于从（　　）认同了这一商业模式的合法地位。

A. 市场层面

B. 消费层面

C. 监管层面

D. 卖家层面

解析：伴随着互联网的不断进步，电子商务在中国发展过于迅猛，但是相应的法律规范及监管措施跟不上。因此，在电子商务诞生后的20多年里，出现了众多问题，例如质量三包、退换货、差价等。《电子商务法》出台的最大意义在于从监管层面认同了这个商业模式的合法地位，并为行业竞争提供了可参考的法律依据。

正确答案：C

(二)多选题

（1）《电子商务法》出台了相关规定，除了传统电商平台外，将（　　）等过往界定模糊的经营行为纳入了电商经营领域。

A. 拼多多

B. 个人海外代购

C. 微商

D. 海淘

解析：《电子商务法》出台了相关规定，重塑了对于中国电商乱象的处罚条件，从各个方面规范电商运营秩序。除了传统电商平台外，还将"微商""个人海外代购"等过往界定模糊的经营行为纳入了电商经营领域。

正确答案：BC

六、同步练习

(一)单选题

（1）《电子商务法》对店铺经营者的影响是（　　）。

A. 应制定合法、合理的平台交易规则

B. 应维护安全、健康的平台交易环境

C. 应明确自身的责任和义务

D. 应维护平台经营环境

同步测试

(2)《电子商务法》于(　　)年1月1日起正式施行。

A. 2016

B. 2017

C. 2018

D. 2019

(3)根据活动目的不同,活动款可以划分为(　　)。

A. 冲销量款、流量款、品牌款

B. 清库存款、当前款、培育款

C. 清库存款、冲销量款、品牌款

D. 清库存款、利润款、形象款

(4)京东的店铺类型有(　　)。

A. 企业店、个人店、专卖店

B. 企业店、专卖店、专营店

C. 旗舰店、专卖店、专营店

D. 旗舰店、个人店、专卖店

(5)速卖通个体工商户或企业身份均可开店吗？(　　)

A. 可以开店

B. 仅企业

C. 仅个体工商户

D. 都不可以

(6)淘宝网的店铺类型有(　　)。

A. 个人店铺和企业店铺

B. 旗舰店和专营店

C. 个人店铺和专卖店铺

D. 企业店铺和旗舰店

(7)淘宝网个人开店要求年满(　　)周岁。

A. 18

B. 16

C. 12

D. 20

(8)以自有品牌或由商标权人提供独占授权的品牌入驻天猫开设的店铺是(　　)。

A. 专营店

B. 专卖店

C. 旗舰店

D. 企业店

(9)下列店铺中不属于速卖通平台店铺类型的是(　　)。

A. 官方店

B. 专卖店

C. 专营店

D. 自营店

(10)下列选项哪个表明《电子商务法》促进了电子商务行业的长远发展?( )

A. 线上线下地位平等、融合发展

B. 电子商务将被纳入国民经济和社会发展规划

C. 推动电子商务诚信体系化建设

D. 明确了店铺经营者自身的责任和义务

(11)一个身份证可以创建( )个淘宝店铺。

A. 1

B. 2

C. 3

D. 4

(12)《电子商务法》对店铺经营者的影响是( )。

A. 应制定合法、合理的平台交易规则

B. 应维护安全、健康的平台交易环境

C. 应明确自身的责任和义务

D. 应维护平台经营环境

(13)引流款即吸引流量的商品,其特点是( )。

A. 流量来源最大的、高品质、高调性

B. 占商品结构中最高份额、商品转化好

C. 价格低、附带活动、转化率高

D. 主推的、转化率高、毛利率趋近于中间水平

(二)多选题

(1)店铺商品的定价通常需要遵循以下哪几个原则( )。

A. 不亏本原则

B. 销量为王原则

C. 高性价比原则

D. 超低价原则

(2)个人创业货源渠道主要包括线下进货和线上货源两种方式。其中,线上货源又包括( )。

A. 购进外贸产品或 OEM 产品

B. 网络平台进货

C. ODM

D. 网络代理货源

(3)个人创业货源渠道主要包括线下进货和线上货源两种方式。其中,线下进货方式包括(　　)等。

A. 批发市场进货

B. 厂家直接进货

C. 网络平台进货

D. 网络代理货源

(4)开淘宝店不需要进行主体登记的是(　　)。

A. 个人销售自产农副产品

B. 家庭手工业产品

C. 个人利用自己的技能从事依法无须取得许可的便民劳务

D. 从事大额交易活动的电子商务经营者

(5)商品定价要考虑的因素有(　　)。

A. 商品成本因素

B. 市场竞争

C. 商品款式划分

D. 卖家品味

(6)商品选款即企业根据目前市场需求变化情况,确定市场需求商品基本的类目、风格、规格、型号等。商品款式划分主要有(　　)。

A. 引流款

B. 活动款

C. 利润款

D. 形象款

(7)下列不属于《电子商务法》对平台经营者影响的是(　　)。

A. 应制定合法、合理的平台交易规则

B. 应维护安全、健康的平台交易环境

C. 应明确自身的责任和义务

D. 应树立诚意经营的意识

(8)下列店铺中属于速卖通平台店铺类型的是(　　)。

A. 官方店

B. 专卖店

C. 专营店

D. 自营店

(9)下列商业行为中受《电子商务法》制约的是(　　)。

A. 微商

B. 个人海外代购

C. 直播卖货

D. 金融类产品和服务

(10)下列属于《电子商务法》对电商行业影响的是(　　)。

A. 填补了电子商务行业的法律空白

B. 肯定了电子商务行业市场经济的地位和作用

C. 提供了电子商务行业制度保障和支持

D. 促进了电子商务行业的长远发展

(11)下列属于《电子商务法》对平台经营者影响的是(　　)。

A. 应制定合法、合理的平台交易规则

B. 应维护安全、健康的平台交易环境

C. 应明确自身的责任和义务

D. 应树立诚意经营的意识

(12)下面属于亚马逊产品跟卖的优势是(　　)

A. 利润率高

B. 带来高曝光度和流量

C. 获得快速的订单转化

D. 订单量暴增,稀释 ODR

(13)想要增加获得 BuyBox 的概率必须要做好以下几个方面(　　)。

A. 使用 FBA 发货

B. 发货时间在 2～4 天

C. 提高客户满意度

D. 产品平均评价 4 星以上

(14)在亚马逊平台,未处理的订单又称挂单,出现挂单的原因主要有(　　)。

A. 银行问题

B. 物流问题

C. 买家问题

D. 卖家问题

(15)针对拼购兼社交渠道"玩家"的京喜平台,店铺类型有三种,分别是(　　)。

A. 旗舰店

B. 专营店

C. 专卖店

D. 自营店

(16)品牌企业的货源渠道主要包括(　　)。

A. 工厂代工

B. 品牌代理

C. 网络平台进货

D. 自建工厂

(三)判断题

(1)电子商务平台必须按照规定向市场监督管理部门报送平台内经营者的身份信息,提示未办理市场主体登记的经营者依法办理登记,否则最高处10万罚款。

A. 对

B. 错

(2)网络商品经营者和网络服务经营者提供商品或者服务,应当遵守《商标法》《反不正当竞争法》《企业名称登记管理规定》等法律、法规和规章的规定,不得侵犯他人的注册商标专用权、企业名称权等权利。

A. 对

B. 错

(3)《电子商务法》实施之后,淘宝个人店也要像实体店的个体户一样,办理营业执照。

A. 对

B. 错

(4)阿里巴巴网(http://www.1688.com)是货源平台。

A. 对

B. 错

(5)《电子商务法》出台的最大意义在于从市场层面认同了这一商业模式的合法地位。

A. 对

B. 错

七、实战案例

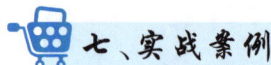

岗位任务一 店铺注册及认证

任务目标

1. 能完成个人和企业账号的注册
2. 能开通个人和企业淘宝店铺

任务背景

李然是一名电子商务专业学生,毕业后进入杭州艾迪皮具有限公司(以下简称艾迪公司)从事电子商务运营助理工作。因公司业务发展需要,计划在淘宝平台开设一家箱包店。运营主管安排李然负责店铺开设准备与注册认证工作。

任务流程

店铺注册及认证流程如图1-6所示。

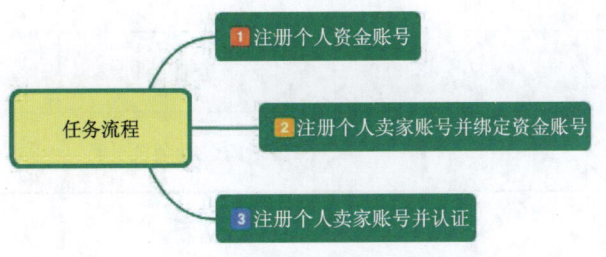

图1-6 任务流程示意图

李然准备的注册认证资料如下。

1. 店铺负责人基本信息（表1-1）

表1-1 负责人基本信息表

姓名	乔珊	英文姓名	Qiao shan
性别	女	邮箱	aidi@126.com
手机号	15155670000	电话	0571-43312590
证件号	310000199903033117	职业	不便分类的其他从业人员
联系地址	浙江省杭州市余杭区仁和街道56号	证件有效期	2025年3月3日
会员名	艾迪箱包	主营类目	箱包
银行卡号	6222600810010710887	持卡人姓名	乔珊
常用地址	浙江省杭州市余杭区仁和街道56号		

2. 企业基本信息（表1-2）

表1-2 企业基本信息表

企业名称	杭州艾迪皮具有限公司	单位类型	企业
社会信用代码	51370181MJD77253XC	法人代表	乔珊
开户银行	中国工商银行	企业对公账号	622202221555454545
开户行地址	杭州市	邮箱	aidi@163.com

续表 1-2

企业电话	0539—4338200	企业手机	17368920924
开户银行支行	中国工商银行余杭分行		

任务实施

第一步　注册个人资金账号

淘宝用户分为个人店铺和企业店铺两类，在注册时，根据个人或企业用户类型，选择不同的注册流程（注意：淘宝用户名一经注册不能修改）。

1. 在账户注册页面中选择"个人账户"，并填写相关信息（图1-7）

图 1-7　创建个人账户

2. 点击"下一步"设置登录和支付密码（本章节中默认密码均为 123456）（图1-8）

3. 设置身份信息（图1-9）

4. 设置支付方式（图1-10）

5. 点击"同意协议并确定"后便注册成功（图1-11）

第二步　注册个人卖家账号并绑定资金账号

1. 阅读并点击"同意"注册协议（图1-12）

图 1-8　设置密码

图 1-9　设置身份信息

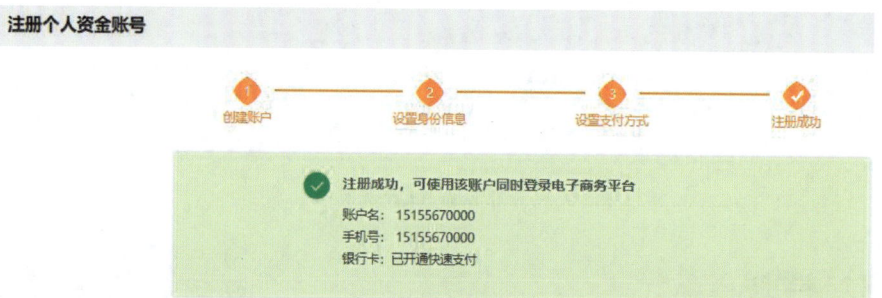

图 1-10 设置支付方式

图 1-11 注册成功

图 1-12 同意注册协议

2. 设置用户名(图 1-13)

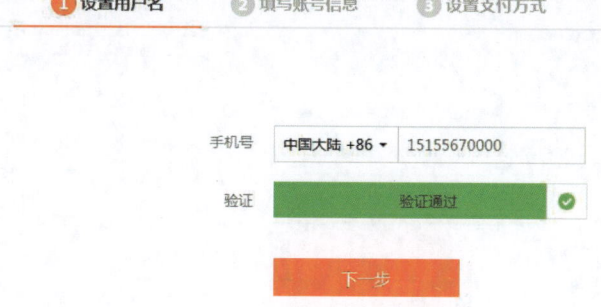

图 1-13　设置用户名

3. 进行手机验证(图 1-14)

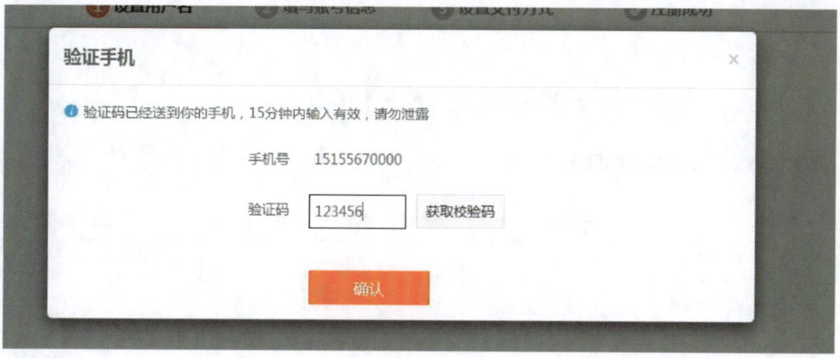

图 1-14　验证手机

4. 填写账号信息(图 1-15)

图 1-15　填写账号信息

5. 设置支付方式(图 1-16)

图 1-16　设置支付方式

6. 注册成功后进行快速绑定资金账号操作(图 1-17)

图 1-17　快速绑定资金账号

7. 点击"立即绑定"进行资金账号绑定设置(图 1-18)

图 1-18　绑定资金账号

8. 点击"绑定资金账户"即成功绑定资金账户（图1-19）

图1-19　绑定资金账号成功

第三步　注册个人卖家账号并认证

1. 创建个人店铺（图1-20）

图1-20　创建个人店铺

2. 阅读开店须知(图1-21)

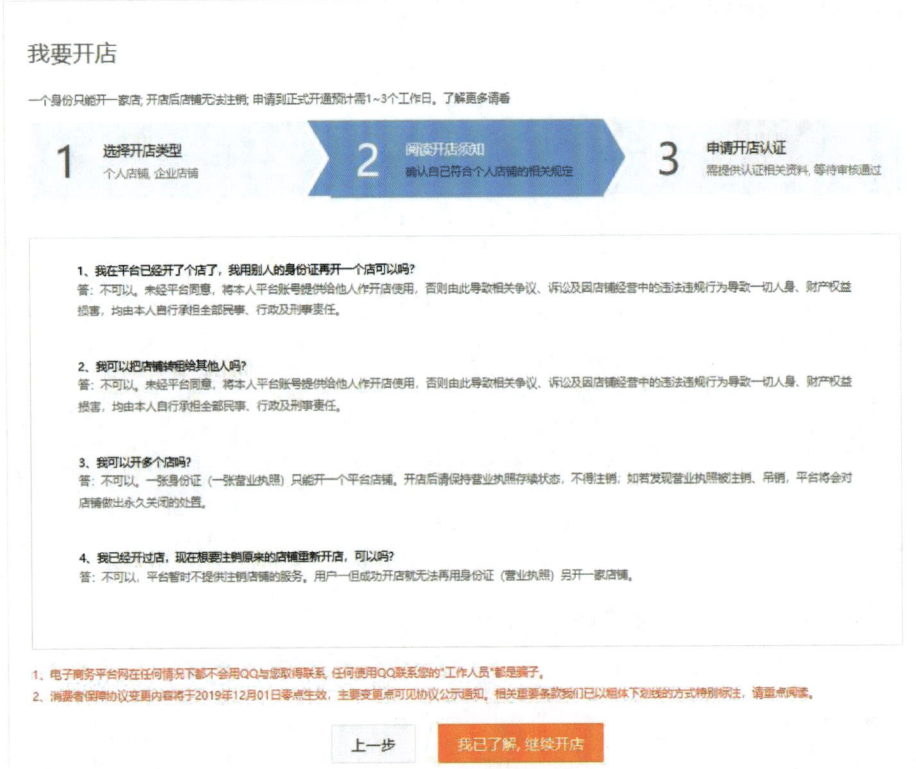

图1-21 阅读开店须知

3. 申请开店认证,点击右下角的"立即认证"(图1-22)

图1-22 申请开店认证

4. 按要求上传证件图片（图1-23）

图1-23　上传证件图片

5. 确认提交后点击右下角的"立即认证"，在弹出的页面中继续点击"立即认证"（图1-24）

图 1-24　立即认证

6.点击"手机认证",并填写验证信息(图 1-25)

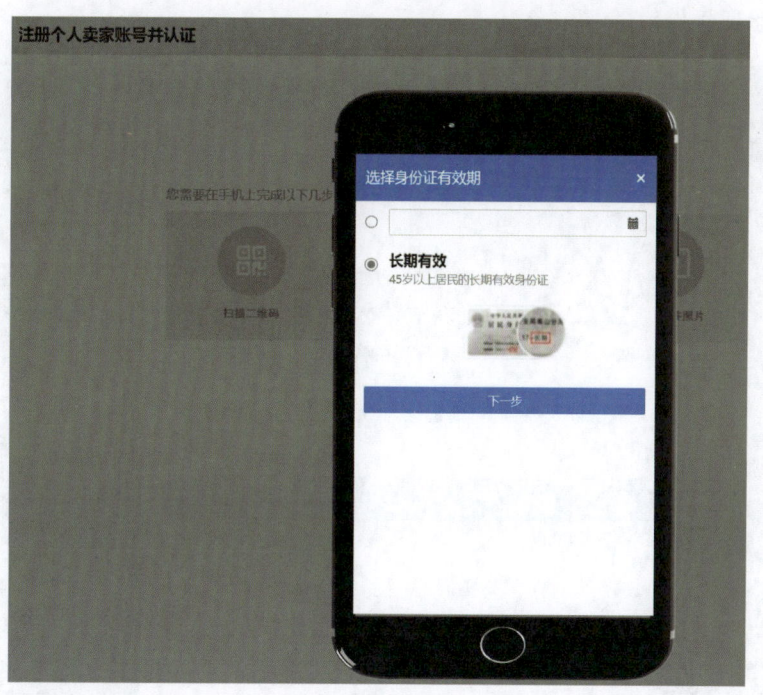

图 1-25　认证信息

7. 填写相关信息（图 1-26）

图 1-26　填写联系地址

8. 验证身份信息(图 1-27)

图 1-27　验证身份信息

9. 认证完成后进入创建店铺页面(图 1-28)

图 1-28　通过认证后进入创建店铺页面

10. 点击"创建店铺",进入"我要开店"页面(图 1-29)

图 1-29 "我要开店"页面

11. 点击"下一步"阅读开店协议(图 1-30)

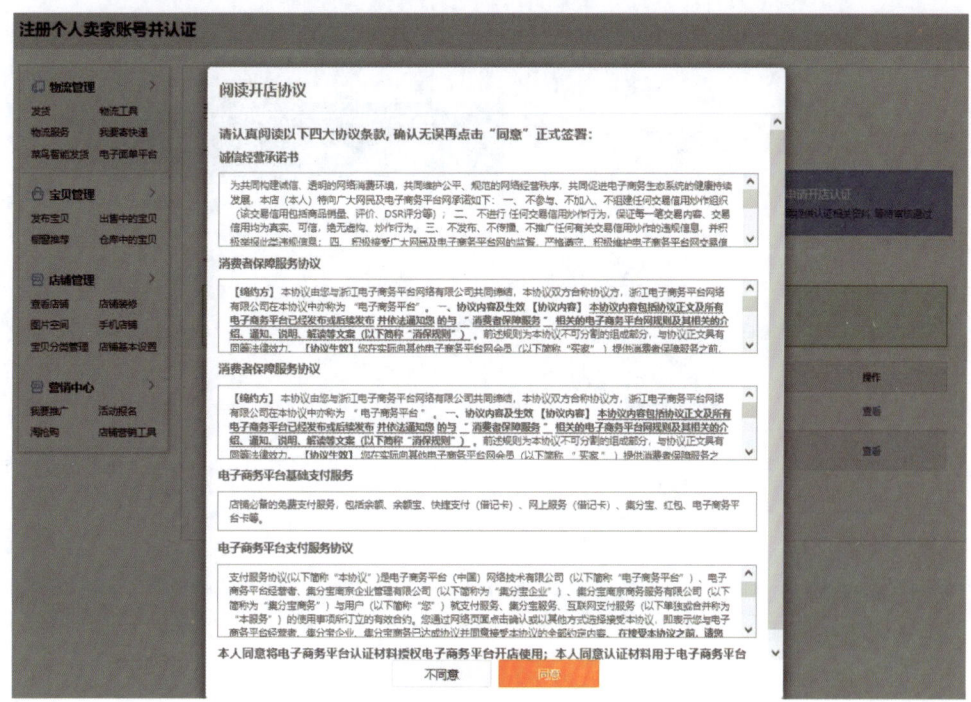

图 1-30 阅读开店协议

12. 点击"同意"后成功创建店铺（图1-31）

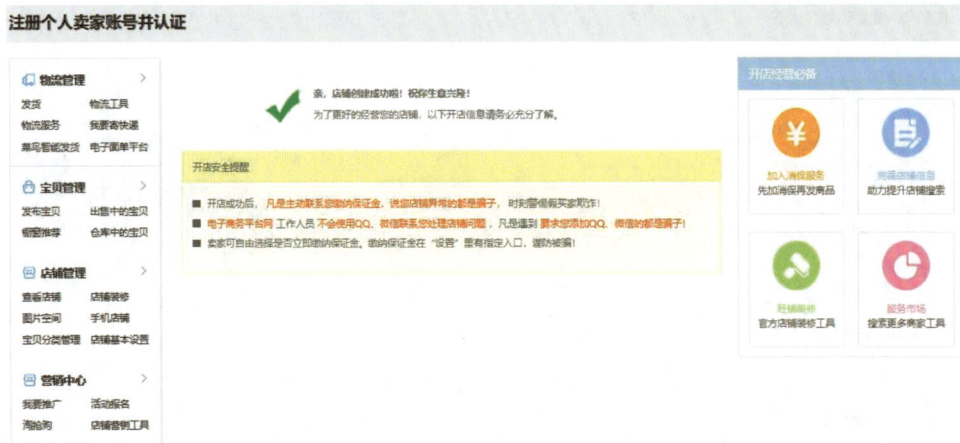

图1-31　成功创建店铺

第四步　注册企业资金账号

1. 创建账户（图1-32）

图1-32　创建企业账户

2. 进行短信验证（图 1-33）

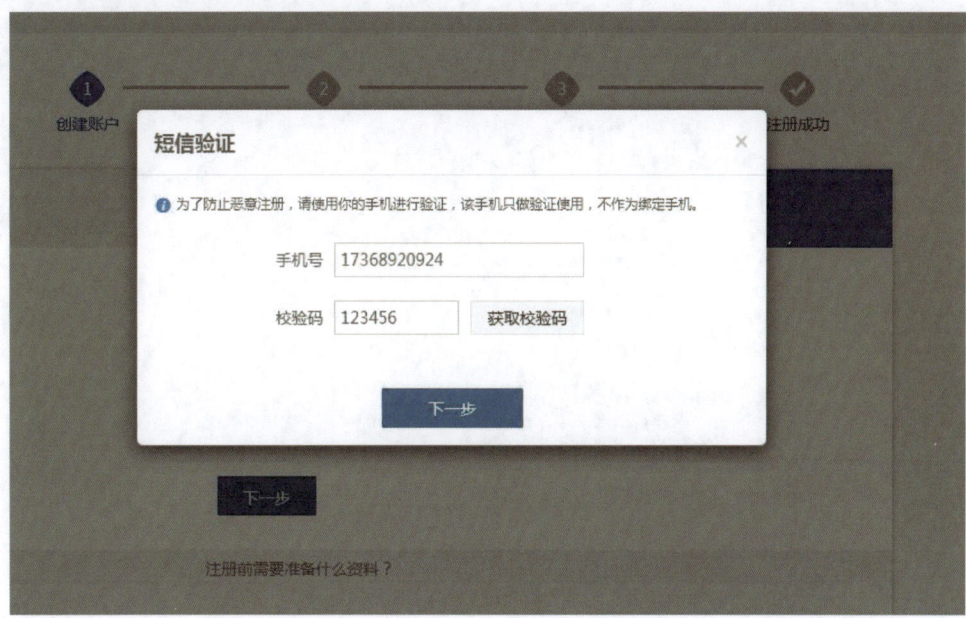

图 1-33　短信验证

3. 进行邮箱验证（图 1-34）

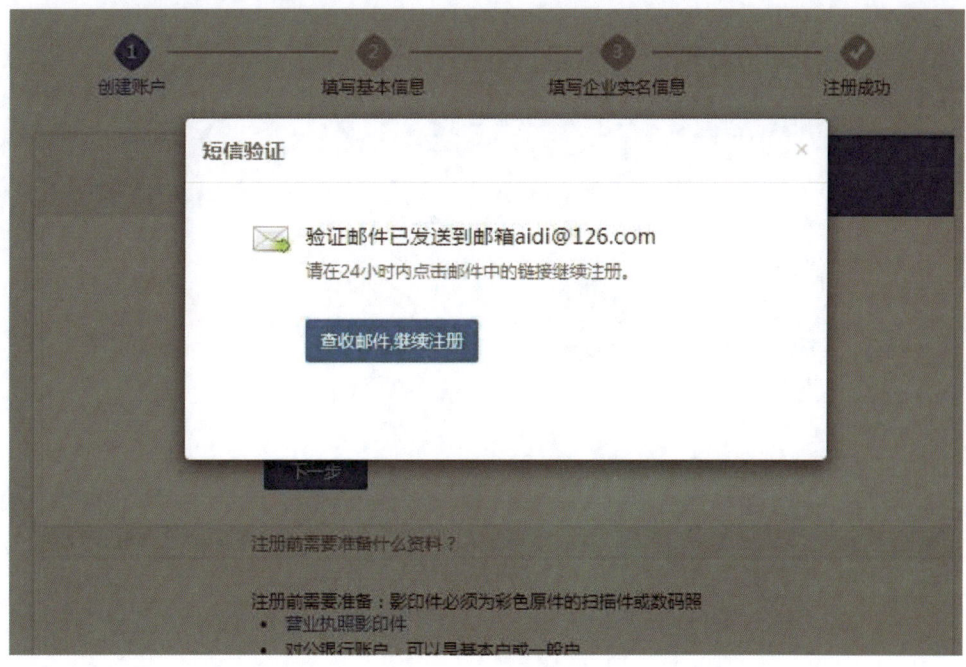

图 1-34　邮箱验证

4. 填写基本信息（图1-35）

图1-35　填写基本信息

5. 填写企业实名信息（图1-36）

图1-36　填写企业实名信息

6. 选择单位类型（图1-37）
7. 上传并填写资料（图1-38）

图 1-37 选择单位类型

图 1-38 上传并填写资料

8. 填写企业认证信息（图1-39）

图1-39　填写企业认证信息

9. 填写企业实名信息（图1-40）

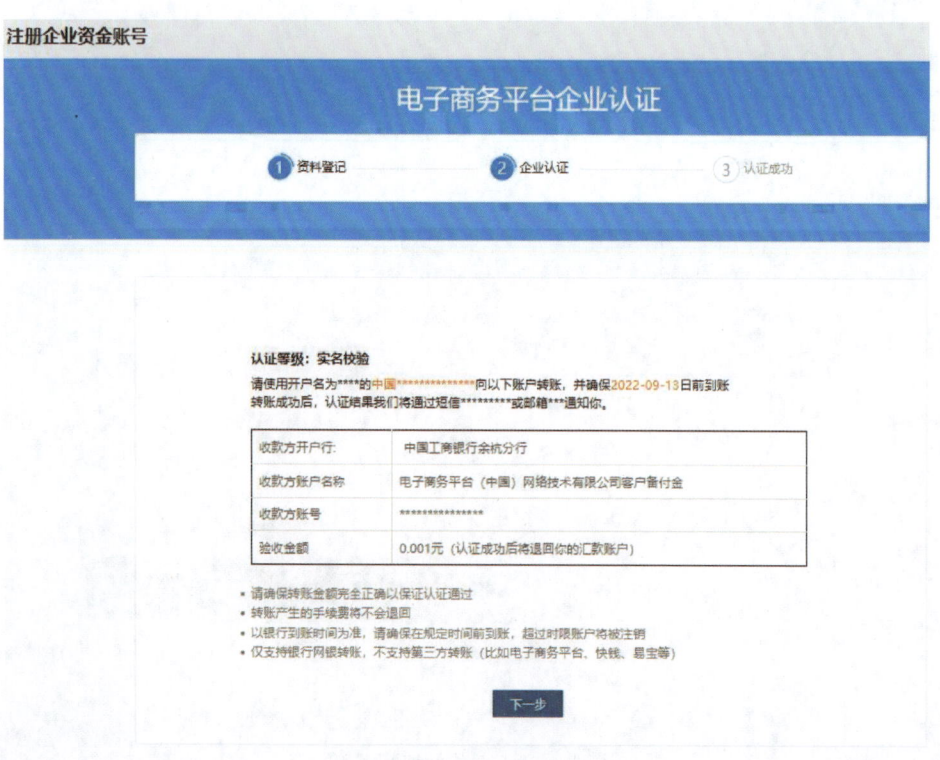

图1-40　实名校验

10. 完成电子商务平台企业认证（图1-41）

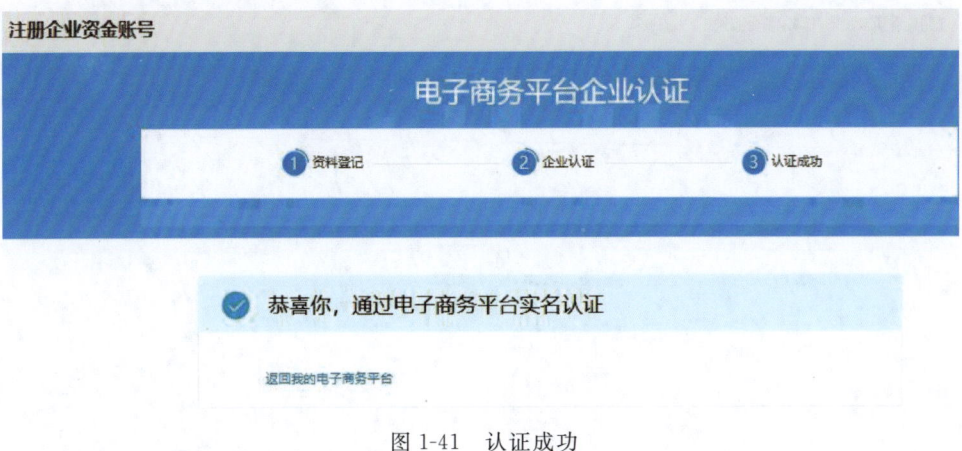

图1-41　认证成功

第五步　注册企业卖家账号并绑定资金账号

1. 设置用户名（图1-42）

图1-42　设置卖家用户名

2. 进行邮箱验证（图1-43）

3.填写账号信息(图1-44)

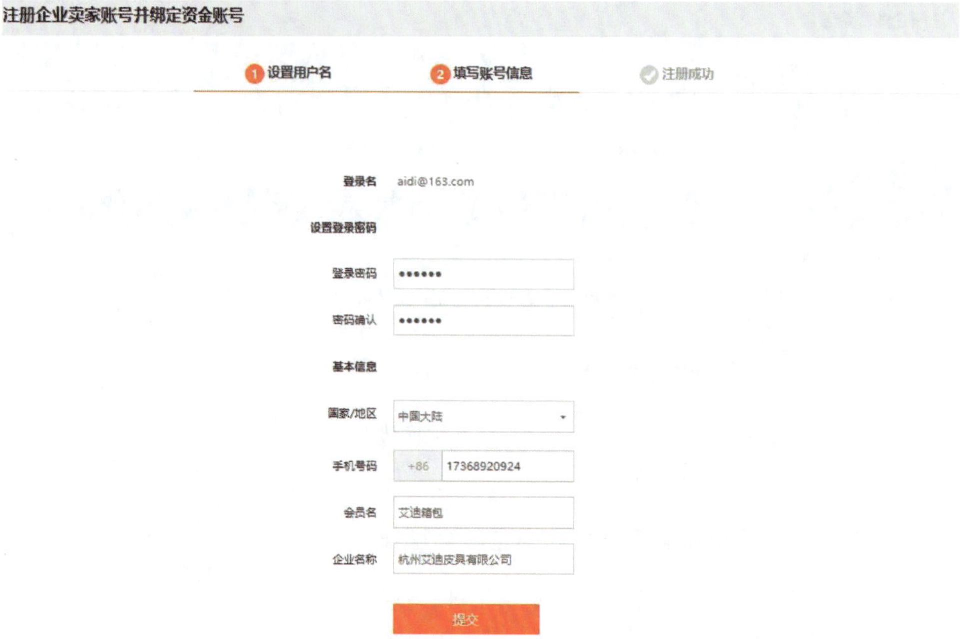

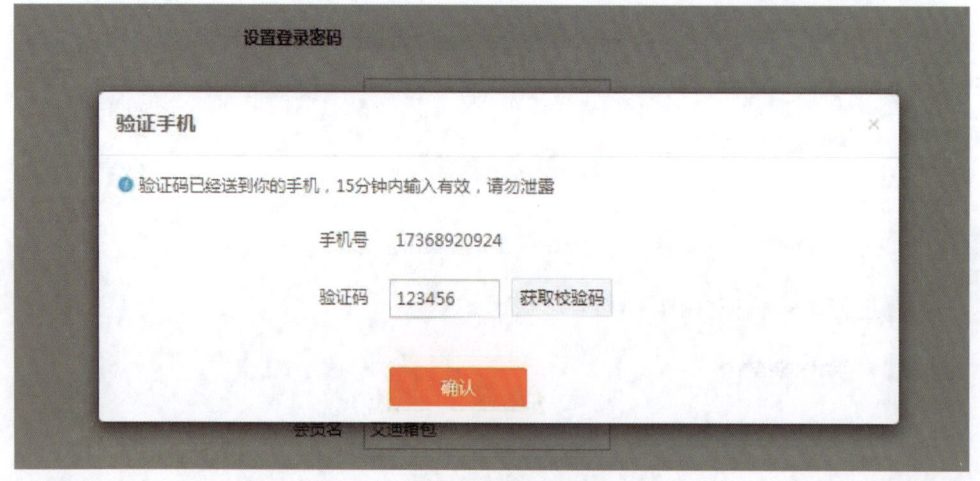

图1-44　填写账号信息

4.验证手机(图1-45)

图1-45　验证手机

5.注册成功(图1-46)
6.快速绑定资金账户(图1-47)

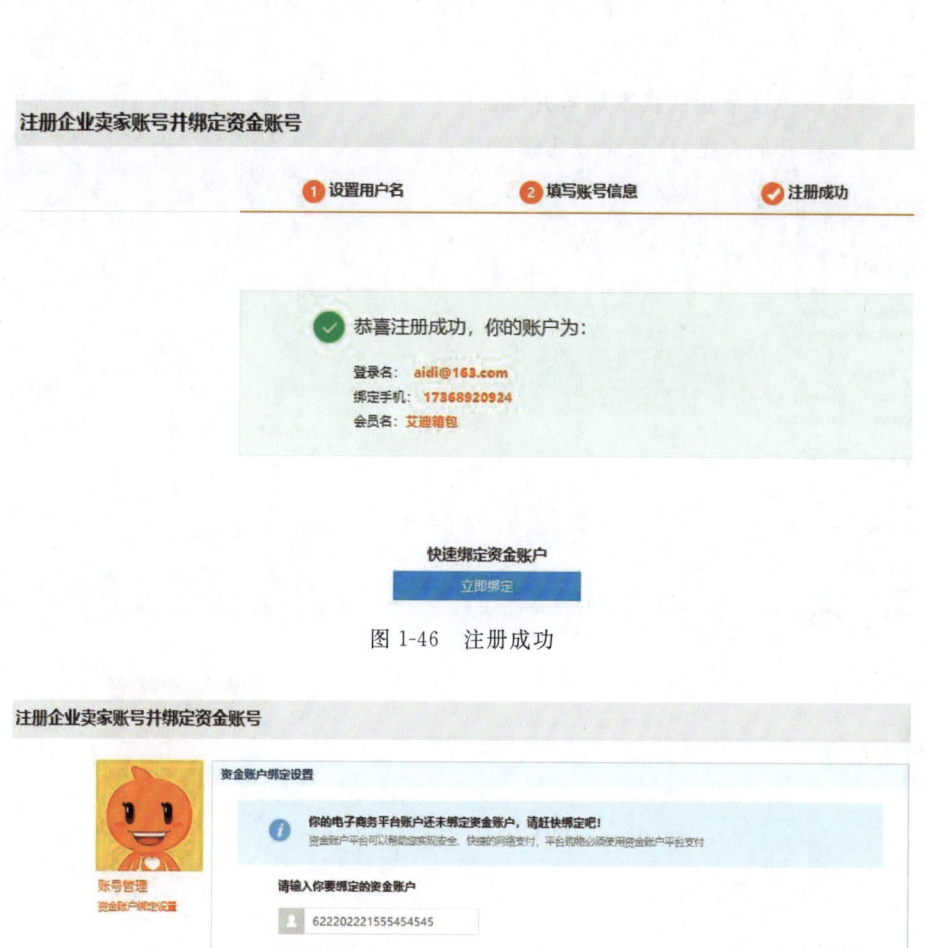

图 1-46　注册成功

图 1-47　绑定资金账户

第六步　注册企业卖家账号并认证

1. 选择开店类型：创建企业店铺（图 1-48）

图 1-48　创建企业店铺

2. 阅读开店须知（图 1-49）

图 1-49　阅读开店须知

3. 进行开店认证（图1-50）

图1-50　申请开店认证

4. 进行开店认证（图1-51）

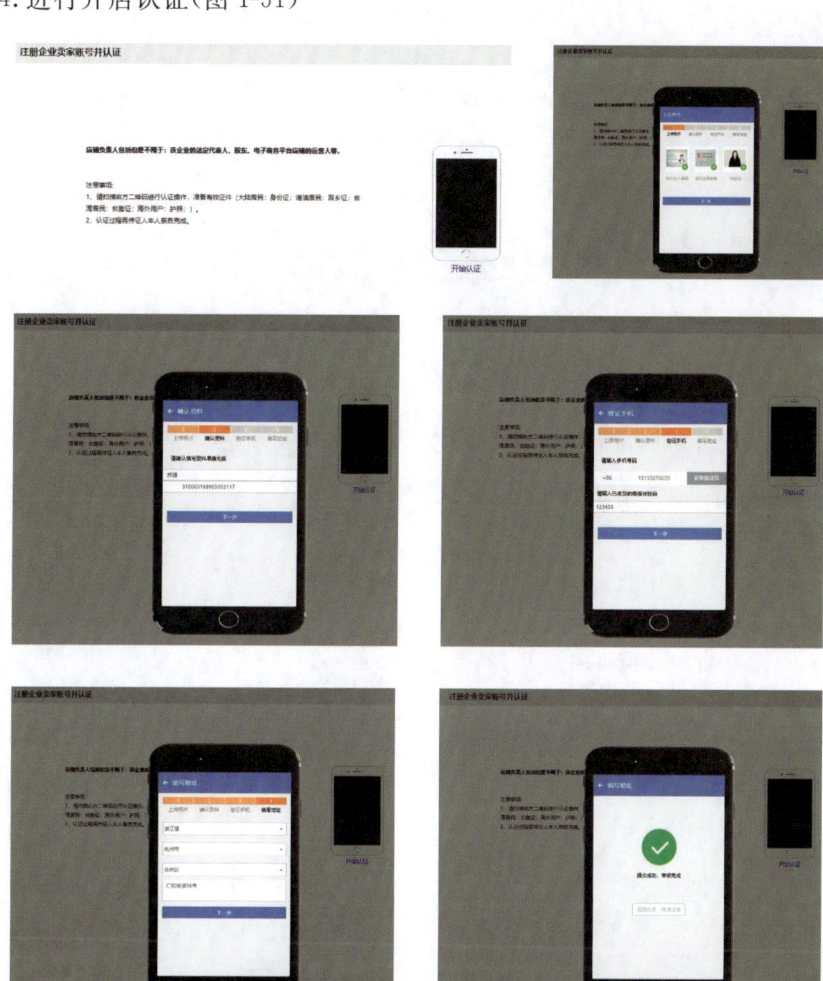

图1-51　开店认证

5. 通过认证后，点击"创建店铺"（图1-52）

图1-52　通过认证后，点击"创建店铺"

6. 在"申请开店认证"中点击"下一步"（图1-53）

图1-53　申请开店认证

7. 阅读开店协议（图1-54）

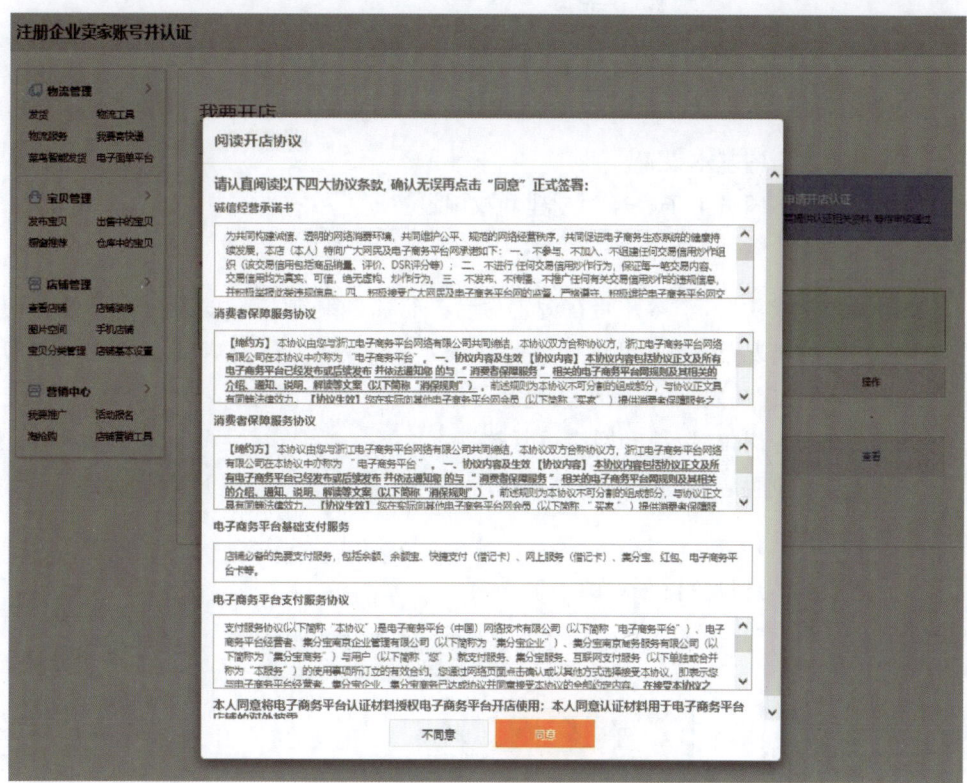

图1-54　阅读开店协议

8. 同意后即创建店铺成功（图1-55）

图1-55　店铺创建成功

岗位任务二　店铺基本信息设置

任务目标

1. 能完成店铺基本设置
2. 能完成不同员工子账号的创建和权限设置

任务背景

店铺开设成功后,李然开始在淘宝后台进行店铺基础信息的设置。在遵守淘宝平台规则的情况下,卖家可以个性化地展示店铺,让买家对店铺有一个好的印象。此外,随着店铺发展的需要,艾迪公司招聘了一批工作人员,分别从事运营、美工、客服、管理等岗位,以提升网店运营效率。

李然需要设置店铺的基本信息并在店铺后台设置新招聘员工的信息。

任务流程

店铺基本信息设置流程如图 1-56 所示。

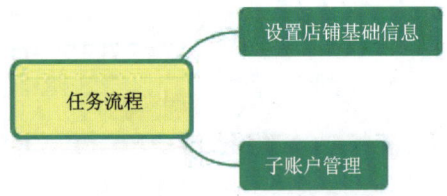

图 1-56　任务流程示意图

任务实施

第一步　设置店铺基础信息

1. 店铺基础信息(表 1-3)

表 1-3　店铺基础信息表

店铺名称	艾迪箱包	主要货源	自己生产
经营地址	浙江省杭州市余杭区仁和街道 56 号		

2. 店铺介绍

欢迎光临艾迪箱包,本店主营箱包类目,包括手提包、钱包、拉杆箱等,所有的商品质量保证,本店 24 小时在线提供优质的售后服务,敬请放心购买。

3. 员工基本信息(表 1-4)

表 1-4　员工基本信息表

姓名	选择岗位	部门	账号名	安全验证手机	花名	办公地点	职务	证书允许开启设备
李幻巧	客服	客服部	李幻巧	13156228369	巧巧	杭州	1级—员工	1
王浩一	运营	运营部	王浩一	13625986398	浩浩	杭州	1级-员工	3
魏程阳	美工	美工部	魏程阳	13333654589	阳阳	杭州	1级—员工	3
陈航	客服主管	客服部	陈航	15563971203	航航	杭州	2级—主管	1

4. 设置店铺基础信息,点击保存即完成店铺信息设置(图 1-57)

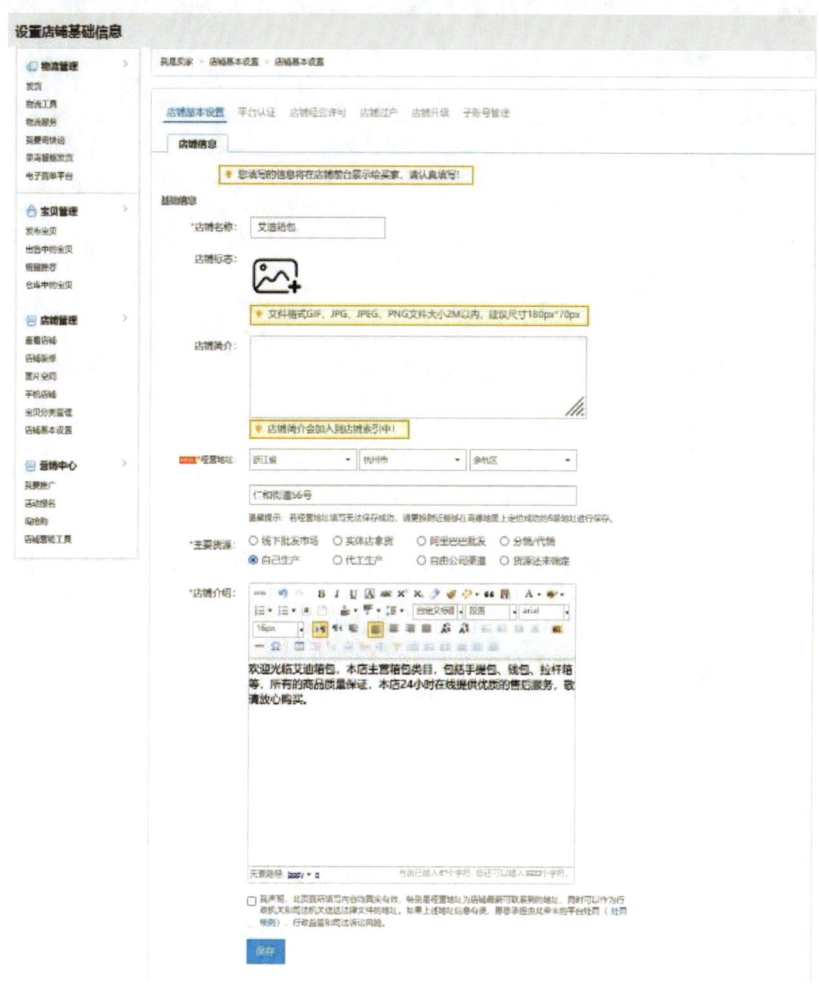

图 1-57　设置店铺信息

第二步　子账户管理

1. 在"岗位管理"中"新建自定义岗位"(图1-58)

图1-58　新建自定义岗位

2. 填写岗位名称并保存(图1-59)

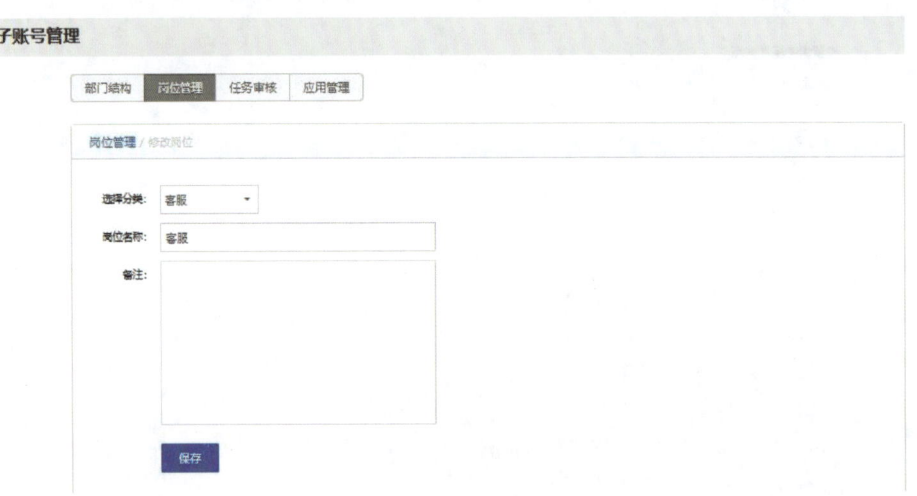

图1-59　填写岗位名称

3. 返回"岗位管理"中继续"新建自定义岗位",填写岗位名称并保存(图1-60)

图1-60　继续新建自定义岗位,并填写岗位名称

4. 重复以上操作,分别再添加"美工"的"客服主管"两个岗位(图1-61)

图1-61 新建其他岗位

5. 在"部门结构"中"新建员工"(图1-62)

图1-62 新建员工

6. 点击"新建"新建部门,分别完成"客报部""运营部""美工部"的新建(图1-63)

图1-63 新建部门

7. 完成员工信息的填写，其中带＊号为必填项（图1-64）

图1-64　填写员工信息

8. 重复以上操作，分别再新建"王浩一""魏程阳""陈航"三位员工的资料（图1-65）

图1-65　新建员工资料

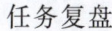 任务复盘 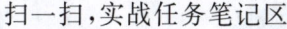 扫一扫，实战任务笔记区

连线学长  扫一扫，感悟反思笔记区

模块一　网店开设

模块二　网店装修

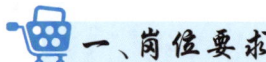

◇ 能根据店铺定位，对网店首页进行视觉营销设计，能够体现网店的风格。
◇ 能根据网店的经营理念和文化特色，制作具有高辨识度的 Logo 标识。
◇ 能根据店铺的营销目标、商品卖点，制作主题明确、风格统一的 Banner（横幅）。
◇ 能根据目标人群的消费心理和浏览习惯，对商品详情页进行视觉营销设计，能够全面地体现商品的卖点。
◇ 能够根据商品信息，提炼卖点与特点，并制作完整的文案，文案内容能够激发消费者的购买欲望。
◇ 能够根据商品定位和目标人群，完成商品主图、商品细节图、商品营销图的设计与制作，图片的设计要风格统一，能够提高商品转化率。
◇ 能根据企业文化、品牌故事，对企业品牌宣传页进行有辨别度的视觉营销设计。
◇ 能根据网店的营销需求，设置能够提升网店人气的自定义活动页。

二、实训内容

网店首页设计是店铺的门面担当，是买家了解店铺风格的主要途径。通过本模块的实训，能够根据店铺的定位和目标群体，完成店铺首页风格的设计、Logo 的制作以及 Banner 的制作。

作为顾客进入店铺必须要浏览的地方，商品详情页是整个店铺的亮点和聚焦点，对商品的转化起着重要作用。所以通过本实训项目的训练，能够对商品的详情页进行布局设计、学会撰写销售文案增强吸引力、掌握商品主图、细节图及营销图的设计技巧，提高详情页的商品转化率。

网店就是由一个个的页面组成的，除了网店首页、商品详情页外，还有一类特别重要的页面就是自定义页，所谓自定义就是卖家根据自己的需要专门设计的有针对性的页面。通过本实训项目的训练,希望学生能够掌握品牌宣传页、促销活动页这两种最为常见的自定义页面的设计。

三、知识结构 （图 2-1）

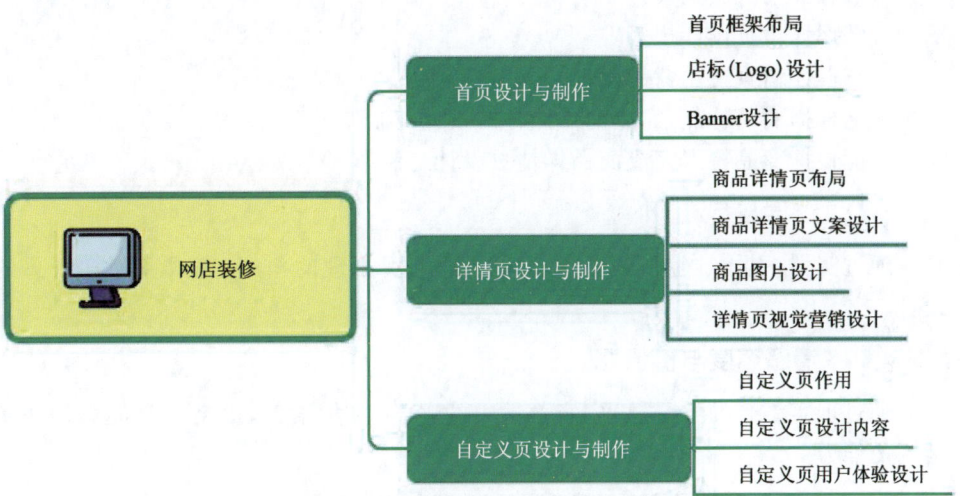

图 2-1 网店装修思维导图

【实训目标】

```
岗位任务一　首页设计与制作
```

 知识与技能

1. 了解首页的框架布局
2. 熟悉店标(Logo)的设计原则
3. 掌握 Banner 的排版布局
4. 掌握 Banner 的视觉文案设计
5. 熟悉店铺风格定位的方法
6. 能根据 Logo 的设计原则,完成不同形式 Logo 的设计
7. 能根据不同的运营目的,完成店铺首页 Banner 的设计

 过程与方法

通过实训,引导学生从视觉营销的角度,完成首页 Logo 和 Banner 的设计。

 情感态度与价值观

通过理实结合的学习过程,培养学生的美学素养,提高从用户思维和视觉营销的能力。

岗位任务二　详情页设计与制作

 知识与技能

1. 了解不同平台详情页构成
2. 熟悉详情页文案设计
3. 掌握详情页设计规范
4. 掌握详情页视觉营销设计
5. 能根据商品特点，完成商品图片的设计与制作
6. 能根据商品特点完成商品详情页设计与制作

 过程与方法

通过实训，引导学生从视觉营销和用户消费心理的角度，完成商品详情页的设计。

 情感态度与价值观

通过理实结合的学习过程，培养学生的美学、文学素养，提高鉴赏能力和文字运用的能力。

岗位任务三　自定义页设计与制作

 知识与技能

1. 了解品牌宣传页的作用
2. 熟悉品牌宣传页的构成要素
3. 能够根据品牌特性，完成品牌宣传页的制作
4. 了解常见的活动类型
5. 熟悉活动页的主要构成要素
6. 能够根据活动属性，完成促销活动页的制作

 过程与方法

通过实训，引导学生通过观察、模仿的方法，完成商品自定义页的设计。

 情感态度与价值观

通过理实结合的学习过程，培养学生的美学、文学素养，感受创意的乐趣。

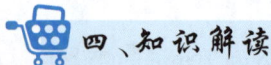

岗位任务一　首页设计与制作

 教学重点

店铺的首页是店铺的门面，影响消费者的感官。店铺首页装修的好坏将直接

影响消费者的购物体验和转化率。因此,确定本任务的教学重点如下。

1. 首页框架布局(图 2-2)

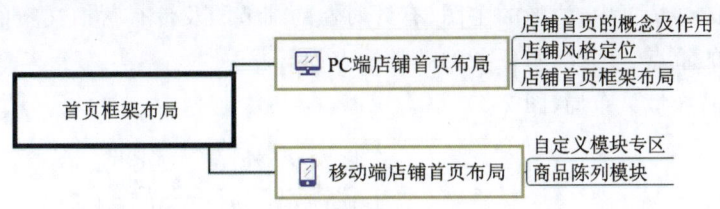

图 2-2　首页框架布局思维导图

2. Banner 设计(图 2-3)

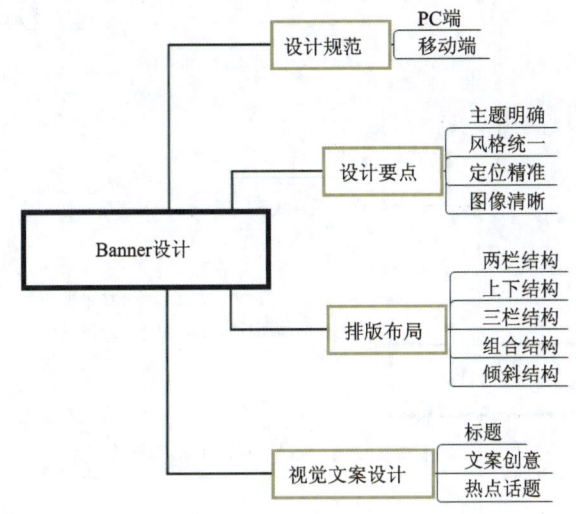

图 2-3　Banner 设计思维导图

> 教学难点

Logo 承载着网店的无形资产,是网店综合信息传递的媒介,也是网店形象传递过程中应用最广泛、出现频率最高,同时也是最关键的元素。因此,本任务的教学难点如下:店标(Logo)设计(图 2-4)。

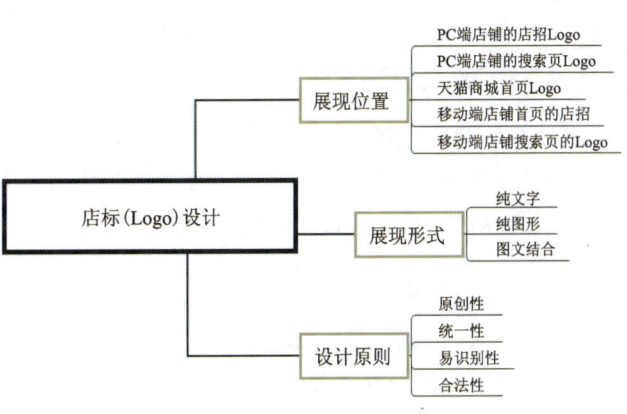

图 2-4　店标(Logo)设计思维导图

岗位任务二　详情页设计与制作

店铺的详情页中,清晰的主图、有针对性的细节图及带有营销文案的营销图是吸引买家的重点。因此,本任务的教学重点如下。

1. 商品详情页布局(图 2-5)

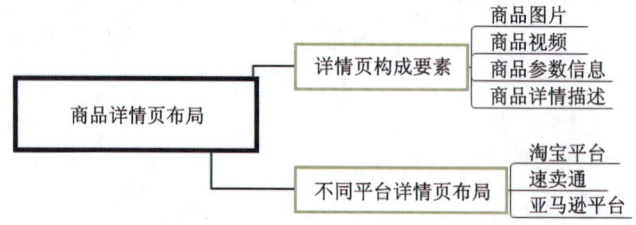

图 2-5　商品详情页布局思维导图

2. 商品图片设计(图 2-6)

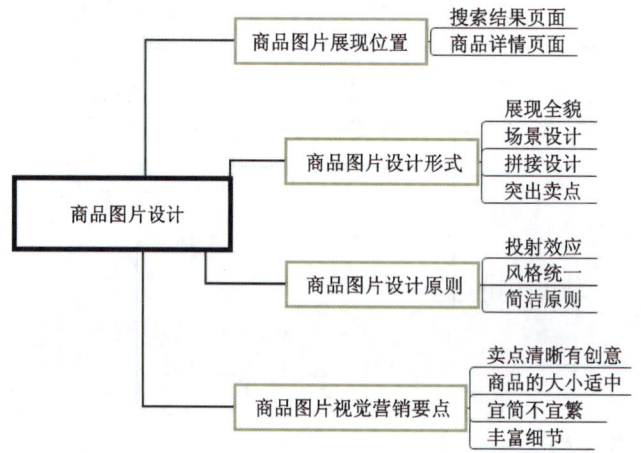

图 2-6　商品图片设计思维导图

教学难点

商品的销售文案既考验对商品的理解,也考验文字功底和营销思维,涉及的面较广,是综合素养的体验。因此,本任务的教学难点如下。

1. 商品详情页文案设计(图 2-7)

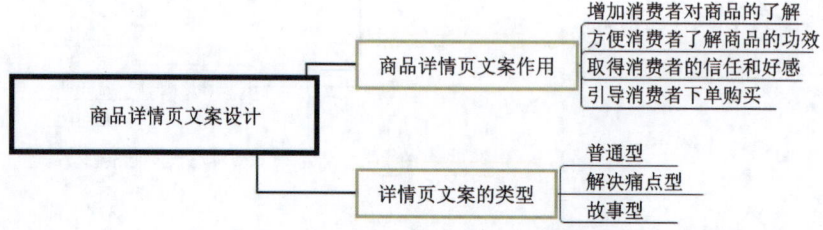

图 2-7　商品详情页文案设计思维导图

2.商品详情页设计逻辑(图2-8)

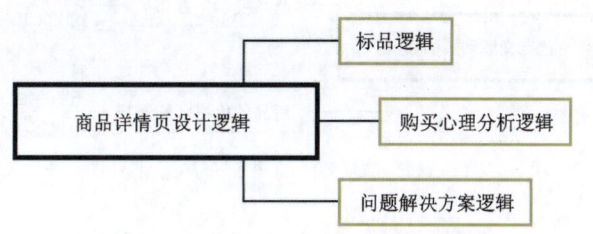

图2-8　商品详情页设计逻辑思维导图

岗位任务三　自定义页设计与制作

线上店铺经常通过自定义页来引流,好的自定义页对于转化有很好的促进作用。因此,本任务教学重点如下。

1.自定义页作用(图2-9)

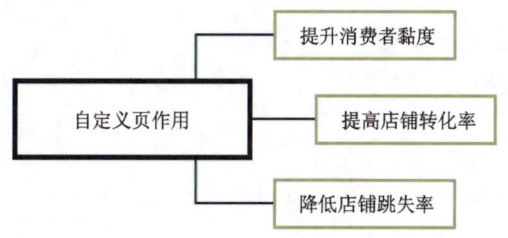

图2-9　自定义页作用思维导图

2.自定义页设计内容(图2-10)

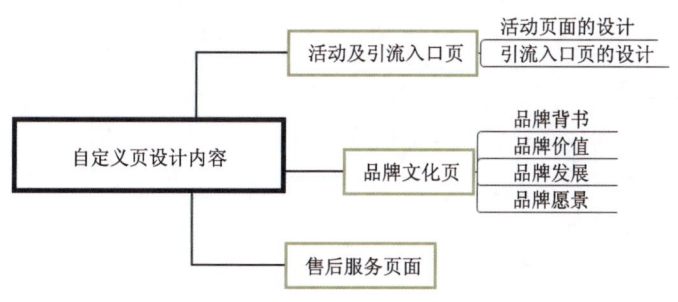

图2-10　自定义页设计内容思维导图

教学难点

对于自定义页面的设计,无论什么样的主题活动,都要考虑到整体页面的视觉营销效果,给消费者带来好的用户体验,并且要注意商品在页面中呈现时的布局是否合理。因此,本任务教学难点如下。

1.自定义活动页面布局(图2-11)

2.自定义页设计注意事项(图2-12)

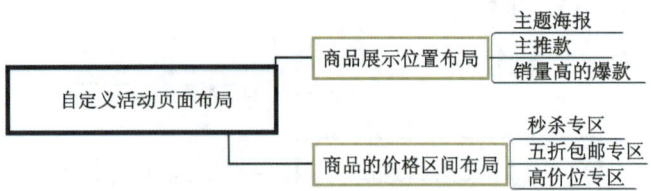

图 2-11　自定义活动页面布局思维导图

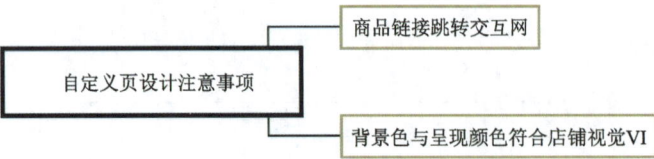

图 2-12　自定义页设计注意事项思维导图

知识链接　　　　　　　　扫一扫，自主学习笔记区

五、例题精解

模块 2.1

（一）单选题

（1）制作页面时，文字的排版将直接影响整体设计，其中内文（　　）。

A. 可任意使用字体

B. 只能使用 2 种字体

C. 字体不能超过 3 种

D. 字体不能超过 5 种

解析：网店使用的字体要符合网店的商品风格和营销定位。为网店选择标准字体时，还要讲求统一和精简。为了统一整体视觉风格，页面中最好不要出现各式各样的字体，除了一两种标题使用手写和艺术体以外，内页的中英文字体通常各使用一种。一般情况下，网店的字体数量不会超过 5 种。

正确答案：D

（2）是顾客进入店铺首页中看到的最醒目的区域（　　）。

A. Banner

B. 店标

C. Logo

D. 商品推荐

解析：Banner指的是网店页面的横幅广告，是顾客进入店铺首页中看到的最醒目的区域，利用好轮播图，不仅有使人震撼的视觉效果，还能使顾客第一时间了解店铺的活动和店铺的促销信息。是店铺吸引流量和提高转化率的重要工具。

正确答案：A

(3)三栏结构的布局方式对应了视觉心理学中的(　　)。

A. 位置效应

B. 最简原则

C. 平衡

D. 通感

解析：三栏结构的布局方式对应了视觉心理学中的位置效应。画面一定是有边界的，人们会把边界设定为物理边框。画面里的内容、所处的位置代表了其重要程度。放在中间位置的就是重要信息，放在边角位置的次要的信息。

正确答案：A

(二)多选题

(1)网店首页根据呈现的内容不同可以分为页头、内页和页尾，以下内容属于页头的是(　　)。

A. 店招

B. 导航条

C. Banner

D. 商品展示

解析：店铺页头由店铺招牌（简称店招）和导航条两个模块组成。店铺招牌的主要作用是展示店铺形象和商品定位。导航条则是通道最集中的模块，提供了通往不同商品分类和页面入口。

正确答案：AC

(2)店标设计原则有哪些？(　　)

A. 原创性

B. 统一性

C. 易识别性

D. 合法性

解析：好的店标不但要给消费者传达明确的信息，还要表现店铺的精神与艺术感染力，并给人一种柔和、协调的感觉。需要遵循以下的原则：①原创性，没有版权纠纷的素材才可用于设计中。②统一性，店标的外观、颜色等要素首先要与店铺的风格保持一致。③易识别性，店标要简单易识别，不要纷繁复杂的。④合法性，设计店标必须完全符合《电子商务法》和《广告法》的相关法律规定。

正确答案：ABCD

模块 2.2

(一) 单选题

(1) 商品图片设计形式中的拼接设计是将多张商品图片拼合成一张商品主图，这种设计形式的优点不包括（   ）。

A. 信息丰富

B. 可以同时显示商品的外观和实际功

C. 买家对商品颜色一目了然

D. 突显商品特征

解析：拼接设计就是将多张商品图片拼合成一张商品主图。这种设计形式的好处是信息丰富，不但可以同时显示商品的外观和实际功效，还可以让买家对商品的可选颜色一目了然。缺点是众多图片放在一起，商品特征不够明显。

正确答案：D

(2) FAB 法则中，B 表示（   ）。

A. 产品属性

B. 优点或优势

C. 客户利益与价值

D. 产品特点

解析：F 指属性，即自己的产品的特点和属性。A 指优点或优势，即自己与竞争对手的不同之处。B 是客户利益与价值，指这一特点带给客户的利益。

正确答案：C

(二) 多选题

(1) 焦点图一般位于商品描述的最上方，类似于首页中的轮播海报，可展示的内容有（   ）。

A. 商品卖点

B. 促销信息

C. 品牌形象

D. 设计理念

解析：焦点图一般位于商品描述的最上方，类似于首页中的轮播海报，可以展示商品的卖点、促销活动和优惠特价等促销信息，以及品牌形象和设计理念。

正确答案：ABCD

(2) 商品参数是店铺详情页中必须包含的重要信息，是买家对商品全面了解的重要指标，商品的参数信息包含（   ）。

A. 商品价格

B. 规格

C. 颜色

D. 尺寸

解析：商品参数信息包括商品价格、规格、颜色、尺寸、库存等。商品参数是店铺详情页中必须包含的重要信息，是买家对商品全面了解的重要指标。

正确答案：ABCD

模块 2.3

(一)单选题

(1)品牌管理要素中最核心的部分是(　　)。

A. 品牌价值

B. 品牌愿景

C. 品牌故事

D. 品牌背书

解析：品牌价值是品牌管理要素中最核心的部分，是该品牌区别于同类竞争品牌的重要标志，也是提升商品溢价空间的核心要素，可以让消费者认为物有所值。

正确答案：A

(2)下面不是付费引流入口的是(　　)。

A. 直通车

B. 淘宝客

C. 钻石展位

D. 贴吧

解析：引流入口页要能在短时间内迅速抓住消费者眼球。引流入口页分为免费引流和收费引流。免费引流包括：活动页、搜索流量入口、类目流量入口、专题流量入口、聚划算、淘宝天天特价、淘金币等。付费引流入口包括：直通车、钻石展位、淘宝客等。

正确答案：D

(二)多选题

(1)自定义页在店铺中起到非常重要的作用，它信息全面，展示商品灵活方便，而且用户体验也非常好。下列属于自定义页类型的是(　　)。

A. 事件型

B. 说明型

C. 主题型

D. 产品型

解析：自定义页在店铺中起到非常重要的作用，它信息全面，展示商品灵活方便，而且用户体验也非常好。自定义页可以分为很多种类型，例如事件型、说明型、主题型、产品型、季节型和节日型等。不论哪种类型，都有着独特的作用。

正确答案：ABCD

(2)活动页面的布局非常重要，可以直接影响活动商品的曝光率，自定义页面活动商品的分类布局要清晰,页面从上往下分别是由(　　)组成。

　　A. 主题海报

　　B. 主推款

　　C. 销量高的爆款

　　D. 优惠信息

解析:自定义活动页面的布局非常重要,它可以直接影响活动商品的曝光率。自定义活动页面的布局要包括商品展示位置、款式和价格等。活动商品的分类布局要清晰,页面从上往下应该由主题海报、主推款、销量高的爆款等组成。

正确答案:ABC

六、同步练习

同步测试

(一)单选题

(1)页头由店铺招牌和(　　)两个模块组成。

　　A. Banner

　　B. 商品推荐

　　C. 店铺新品

　　D. 导航条

(2)(　　)主要是通过造型简单和意义明确的视觉符号,将企业的经营理念、企业文化、经营内容、企业规模和产品特性等要素传递给消费者。

　　A. 首页

　　B. 店标

　　C. Banner

　　D. 详情页

(3)Banner最主要功能是(　　)。

　　A. 突出企业形象

　　B. 信息传达

　　C. 美化版面设计

　　D. 树立企业形象

(4)VI主要是以(　　)、标准色彩、标准字体为核心展开的完整的视觉传达识别体系。

　　A. 标志

　　B. 店铺主色

　　C. 店铺配色

　　D. 搭配色彩

(5)包括主色在内,网店的标准色彩最好控制在(　　)种。

A. 2～4 种

B. 1～3 种

C. 3～5 种

D. 4～6 种

(6) 标志本身就是一种（　　）。

A. 图文符号

B. 平面符号

C. 抽象符号

D. 视觉符号

(7) 标准色彩的色值一般标注为（　　）两种模式，这样便于在商品包装、宣传品印刷等方面的应用。

A. RBG 和 CMKY

B. RGB 和 CYMK

C. RBG 和 CYMK

D. RGB 和 CMYK

(8) 从网店的设计角度来讲，可以把字体分为衬线体、等线体、艺术体和（　　）。

A. 经典体

B. 书法体

C. 创意体

D. 云霄体

(9) 当人的心理状态和预期状态与画面中塑造的任务的原型相吻合的时候，达到（　　）最大化。

A. 投射效应

B. 风格统一

C. 简洁原则

D. 对称效应

(10) 店标的展现形式丰富，根据内容的不同从视觉上可以分为很多种形式，其中以具象或抽象的图形结合品牌名称制作而成的 Logo 是（　　）。

A. 文字型 Logo

B. 图文结合 Logo

C. 图片型 Logo

D. 色彩 Logo

(11) 店铺首页作为店铺分流和导流的交通枢纽，其中（　　）是通道最集中的模块，能够提供通往不同商品分类和页面的入口。

A. 店铺招牌

B. 导航条

C. 店铺新品

D. 店铺推荐

(12)根据消费者的购物行为,从引起兴趣到激发需求、从信任到依赖、从依赖到拥有,最后促成消费或者下单。在这个过程中,消费者的购物心理逻辑是(　　)。

A. 从理性到感性再到理性

B. 从感性到理性再到感性

C. 从谨慎到熟悉再到信任

D. 从厌恶到无感再到喜欢

(13)根据营销界的定律,普遍认为消费者会在(　　)日内决定是否有购买商品的意愿。

A. 6

B. 7

C. 8

D. 9

(14)卖点的提炼方法有很多,可以从产品概念、市场地位、产品线、服务、价格等方面入手,在我们最常用的FAB法则中,F、A、B分别指的是(　　)。

A. 属性、利益、优点

B. 利益、优点、属性

C. 属性、优点、利益

D. 优点、属性、利益

(15)详情页模块的排序是对前期产品分析、定位、核心卖点、产品信息、品牌信息、服务体系、好评、卖家秀等信息分类、重组,并且进行有序、有条理的排列,常用的详情页排序的方法不包括(　　)。

A. 标品逻辑

B. 购物心理分析逻辑

C. 问题解决方案逻辑

D. 活动设计逻辑

(16)品牌文化页面最常用的四大模块是:品牌背书、品牌价值、品牌发展和(　　)。

A. 品牌历史

B. 品牌愿景

C. 品牌活动

D. 品牌故事

(17)网店在使用标准字体时主要考虑的因素有(　　)。

A. 字体的风格是否符合网店和商品形象定位

B. 字体的颜色是否符合网店和商品形象定位

C. 字体的大小是否符合网店和商品形象定位

D. 字体的间距是否符合网店和商品形象定位

(18)详情页的主要模块不包括(　　)。

A. 温馨提示

B. 快递与售后

C. 营销活动

D. 店铺/商品资格证书

(二)多选题

(1)VI(Visual Identity)即视觉识别,其主要是以(　　)为核心展开的完整的视觉传达识别体系

A. 标志

B. 商家认证

C. 标准色彩

D. 标准字体

(2)(　　)、(　　)和(　　)三个模块共同构成了首页的第一屏。

A. 店招

B. 商品分类

C. 导航

D. Banner

(3)从表现形式上看,Banner通常是由(　　)构成。

A. 文案

B. 图形

C. 商品图片

D. 背景

(4)店标设计原则有哪些(　　)。

A. 原创性

B. 统一性

C. 易识别性

D. 合法性

(5)店铺的风格定位,主要从(　　)几个方面来进行设计。

A. 店铺专属VI

B. 色彩

C. 首页

D. 字体

(6)根据商品图片的不同作用,通常将商品图片细分为(　　)。

A. 主图

B. 细节图

C. 营销图

D. 辅导图

(7)活动页面的布局非常重要,可以直接影响活动商品的曝光率,自定义页面

活动商品的分类布局要清晰,页面从上往下分别是由(　　)组成。

A. 主题海报

B. 主推款

C. 销量高的爆款

D. 优惠信息

(8)品牌文化页面的四大模块是(　　)。

A. 品牌背书

B. 品牌价值

C. 品牌发展

D. 品牌愿景

(9)商品参数是店铺详情页中必须包含的重要信息,是买家对商品全面了解的重要指标,商品的参数信息包含(　　)。

A. 进货价格

B. 规格

C. 颜色

D. 尺寸

(10)商品图片的基本要求是能够展示商品的全貌、图片清晰、不能有杂乱的背景,那么以下哪几种属于商品图片设计的常见形式?(　　)

A. 智能设计

B. 利用白色背景展示商品全貌

C. 通过模特展示商品或利用场景展示商品

D. 拼接设计

(11)商品图片的设计形式主要有(　　)。

A. 展示局部细节

B. 场景设计

C. 拼接设计

D. 突出卖点

(12)商品详情页的作用主要包含以下几个方面(　　)。

A. 增强消费者对商品的了解

B. 方便消费者了解商品的功效

C. 取得消费者的信任和好感

D. 引导消费者下单购买

(13)通常情况下,淘宝直通车的图片视觉优化最重要的部分就是商品的首图,它不但是卖家了解商品的"开始",也是直通车推广该商品的唯一"入口",因此在设计时要注意哪几点?(　　)

A. 要将商品的卖点作为重点展现

B. 美化图片的样式

C. 懂得突出商品与背景的色彩差异

D. 提炼文字的信息

(14) 下列属于网店装修的作用的是（　　）。

A. 提升品牌形象、提升信任度

B. 提升商品品质，增强用户体验提高易用性

C. 增加访问页面数

D. 增加停留时间

(15) 以下关于商品图片视觉营销要点的描述，正确的是（　　）。

A. 卖点清晰是指让买家即使眼睛一扫而过，也能快速明白商品的优势是什么

B. 商品的大小要适中，商品过大则显得臃肿，过小不利于表达细节，不利于突出商品的主体地位

C. 由于消费者搜索主图时浏览的速度较快，因此传达的信息越简单、明确就越容易被接受

D. 通过放大细节提高主图的点击率，也可以在主图上添加除标题文本外的补充文本

(16) 在详情页设计时，商品图片视觉营销的要点包括（　　）。

A. 卖点清晰有创意

B. 商品的大小适中

C. 宜简不宜繁

D. 丰富细节

(17) 以下属于极限词的是（　　）。

A. 世界领先

B. 最新发明

C. 空前绝后

D. 万能

(18) 在进行网店装修时必须要设计的就是商品主图，一般情况下商品主图会出现在（　　）。

A. 宝贝详情页

B. 搜索页

C. 首页

D. 列表页

(三) 判断题

(1) 设计分类导航区不但起到分流的作用，在设计时还要特别注意它的导流功能。

A. 对

B. 错

(2) 店标主要通过造型简单和意义明确的视觉符号，将企业的经营理念、企业

文化、经营内容、企业规模和产品特性等要素传递给消费者,它可以代表店铺的风格、品味,但是不具有宣传作用。

A. 对

B. 错

(3)PV即访问量,是指店铺所有页面的浏览总量,它用来衡量网站用户访问的网页数量,可以累加。

A. 对

B. 错

(4)结合买家的浏览习惯,一般都是先左后右、先上后下、先图片后文字,主角的产品一定要占到图片的二分之一的位置。

A. 对

B. 错

(5)普通型商品详情页文案通常从商品核心卖点出发,站在消费者角度,将商品卖点转化为利益点,不断增强消费者购买商品的信心,为了让消费者全面了解商品卖点,要求我们要尽可能详尽地描述出商品的特色。

A. 对

B. 错

七、实战案例

岗位任务一　首页设计与制作

任务目标

1. 能完成店铺首页的视觉识别 VI 设计
2. 能根据营销数据分析和自我店铺定位,制订店铺首页视觉设计方案
3. 掌握淘宝平台店铺首页设计的要求和基本设计方法
4. 能完成箱包类目店铺 Logo、Banner 的设计与制作
5. 能完成首页其他模块设计与制作

任务背景

店铺开设成功之后,李然开始进行店铺装修,为商品上新做准备。通过分析箱包类目同行业店铺首页视觉设计风格,结合公司店铺商品属性和目标群体特征,进行店铺首页视觉设计。

李然确定了店铺首页视觉设计方案后,开始设计制作店铺首页。店铺首页设计包括店铺 Logo、焦点海报图、产品和公司实力展示等模块。一个好的店铺 Logo 不仅可以吸引顾客,增加店铺浏览量,还可以让人记住你的店。Banner 占据网店中的黄金第一屏,是对店铺最新商品、促销活动、商品推荐、店铺形象等信息进行展示的区域,是买家进入店铺首页中观察到的最醒目的区域。产品展示模块则可以展示目前店铺热销商品,让买家可以更快速触达商品。李然决定好好设计制作这三大模块,让首页成为展示公司和品牌形象的重要板块。

李然需要制作单肩包、手提包两个商品的 Banner 各 1 张,并通过平台进行上传。

此任务中评分点仅为 Banner 的设计与制作,模板一建议尺寸为:950 像素×250 像素、模板二建议尺寸为:1920 像素×600 像素。店招和优惠券在此任务中可自行选择作为辅助练习,建议店招尺寸:950 像素×120 像素。

任务流程

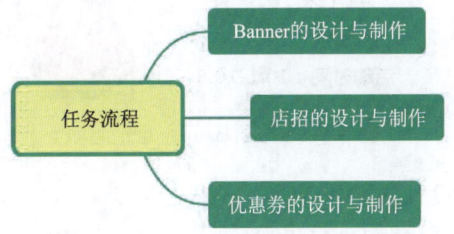

图 2-13　店铺首页设计与制作流程

任务实施

第一步　Banner 的设计与制作

1.选择模板一,点击 Banner(轮播图)右上角的"编辑"按钮,弹出以下对话框,选择"浏览"按钮上传制作好的图片(PS 制作 Banner 此处略过)

图 2-14　上传图片

2.点击确认后,Banner 会上传到首页(注:模板一 Banner 建议尺寸为:950 像素×250 像素),如图 2-15 所示

图 2-15　上传 Banner 后的首页

第二步　店招的设计与制作

1.同样的方法,可对店招进行设置(选择自定义招牌),如图 2-16 所示

图 2-16　设置店铺招牌

第三步　优惠券的设计与制作

1.优惠券的信息也可以进行修改(图 2-17)

2.完成以上设置后可点击页面右上角"发布站点",此时首页如图 2-18 所示

3.在页面左上角选择模板 2,按前面的操作为模板 2 上传 Banner(注:模板二 Banner 建议尺寸为 1920 像素×600 像素),同时可修改店招和优惠券,发布后可参考图 2-19

图 2-17　店铺优惠券设置

图 2-18　设置后首页效果

图 2-19　修改后首页效果

岗位任务二 详情页设计与制作

任务目标

1. 能根据平台要求,完成商品图片整体规划
2. 能根据商品特点,完成商品图片的设计与制作
3. 能根据平台要求和品牌定位完成商品详情页整体规划
4. 能根据商品特点完成商品详情页设计与制作

任务背景

李然为店铺的五款新品:双肩包、单肩包、手提包、拉杆箱、钱包,5 种商品分别制作 5 张商品图片及商品详情描述图片,并完成已制作好图片的上传。商品图片建议尺寸为:750 像素×750 像素;商品详情描述页面建议尺寸为:宽 750 像素,高度不限;商品详情描述如需切片上传,请根据实际商品详情描述尺寸进行切片。

任务流程(图 2-20)

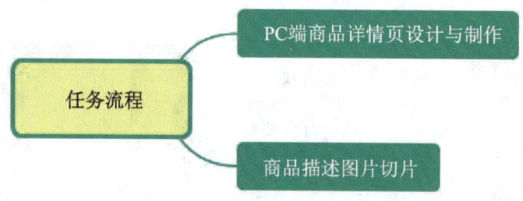

图 2-20 详情页设计与制作流程

任务实施

第一步 PC 端商品详情页设计与制作

1. 进入 PC 端商品详情页设计与制作页面,点击右上角的"新建文件夹",填写好相关内容(图 2-21)

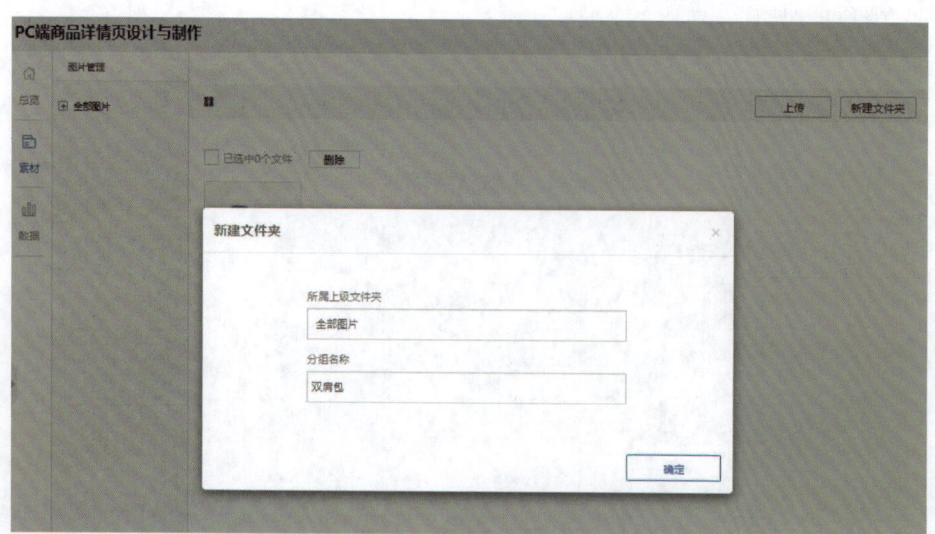

图 2-21 新建文件夹

2.单击"确定"后,点击右上角的"上传",在弹出的窗口选择上传到"双肩包",点击"上传"即可上传在PS中制作的主副图和商品描述图(图2-22,注意:一次只能选择一个图片上传)

图 2-22　上传图片

3.单击"确定"后,在左上角"全部图片"中点击"双肩包"即可查看到刚刚上传的主副图和商品描述图(已切片)

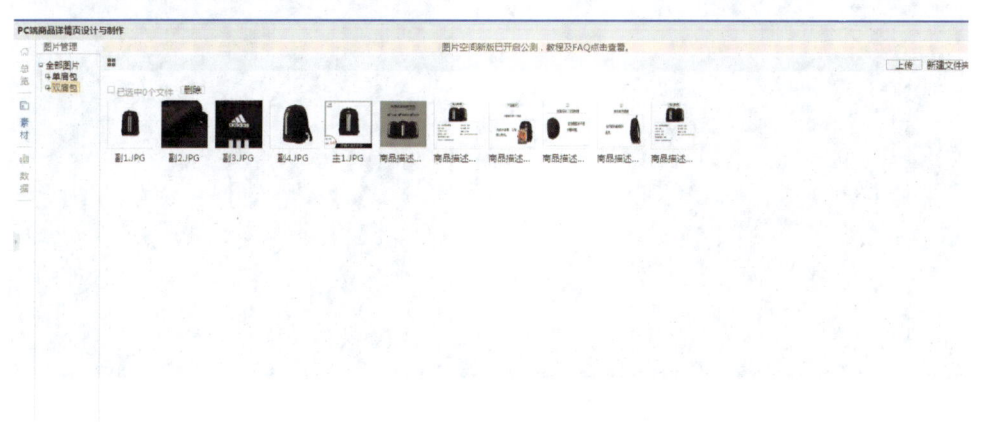

图 2-23　上传完后双肩包所有图片

第二步　商品描述图切片

淘宝商品描述图对于淘宝店铺来说非常的重要,商品描述图需要切片,不能直接导入的。原因有以下:①淘宝商品描述图很长,不利直接上传。②图片太大,显示速度偏慢,不利阅读。③为了整体视觉协调,一个详情页是一个 PSD 文件。

我们都知道制作好的商品描述图是很长的,一般在上传的时候,我们都会把图片进行切片处理,具体怎么操作我们一起看下吧。

1. 首先我们在 PS 中打开已经制作好的商品描述图(图 2-24)

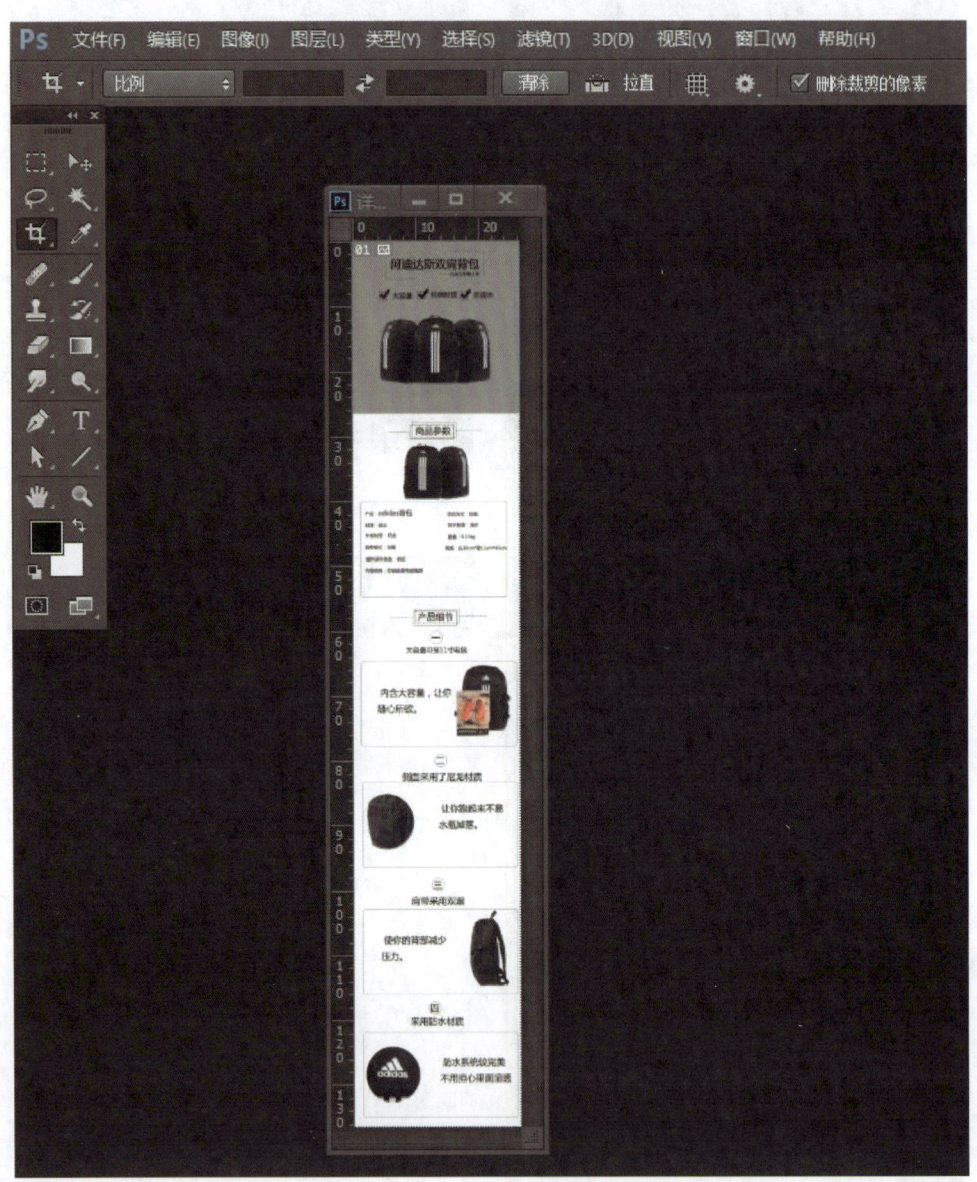

图 2-24　打开商品图

2.在工具栏里选择切片的工具(图 2-25)

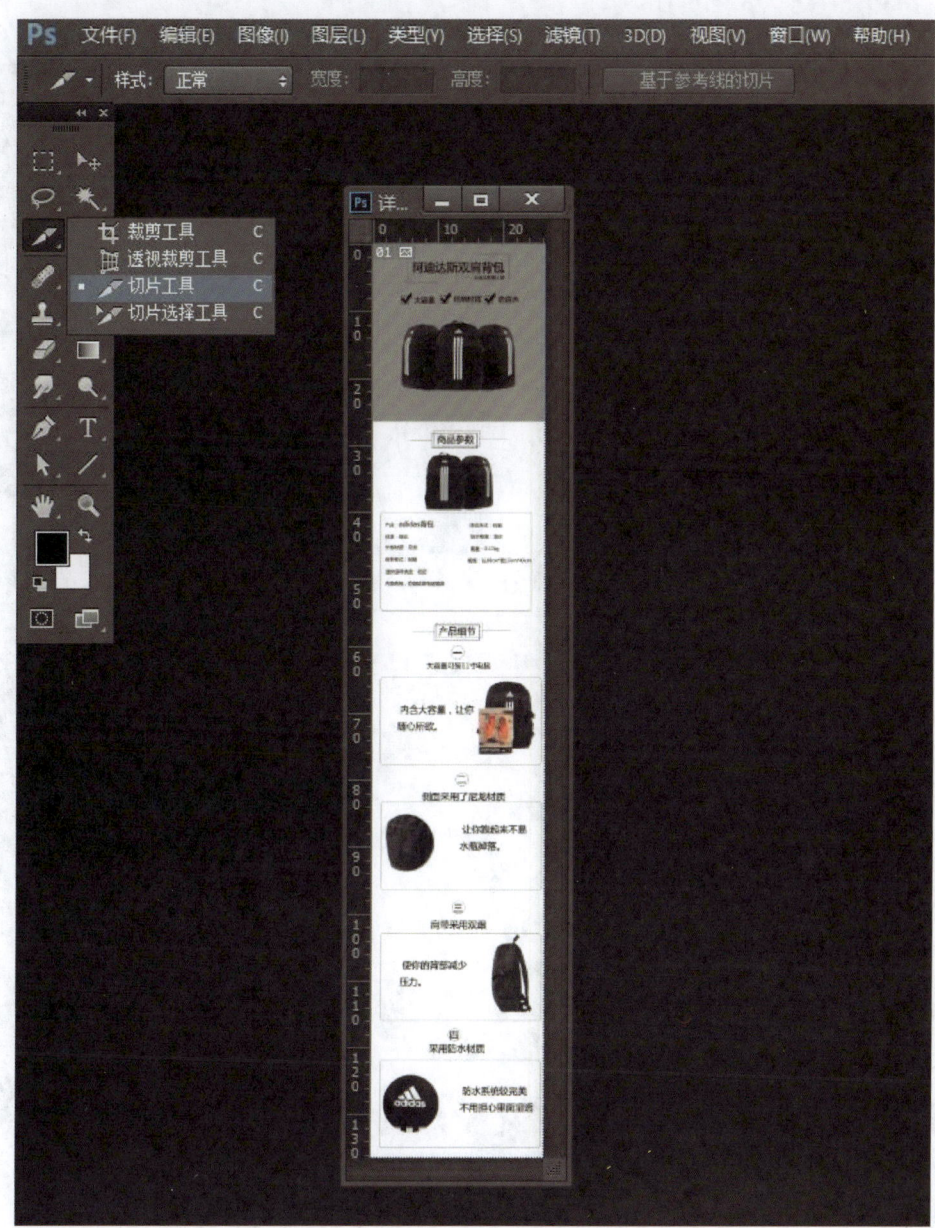

图 2-25　选择切片工具

3. 我们可以给详情页先画标尺线，然后点击菜单栏里基于参考线的切片（图 2-26）。

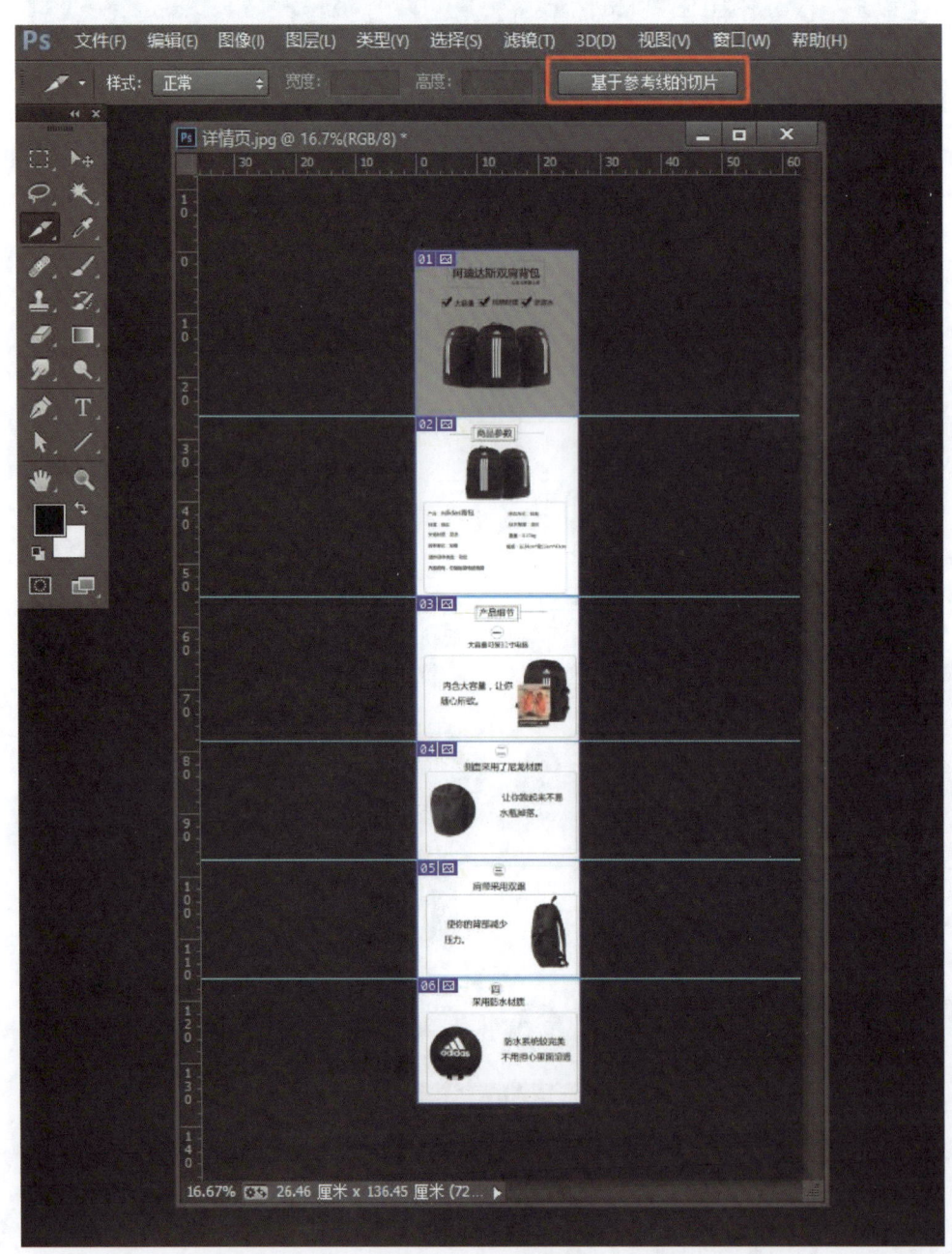

图 2-26　点击切片

4. 选择菜单栏里的文件，选择存储为 Web 所用格式（图 2-27）

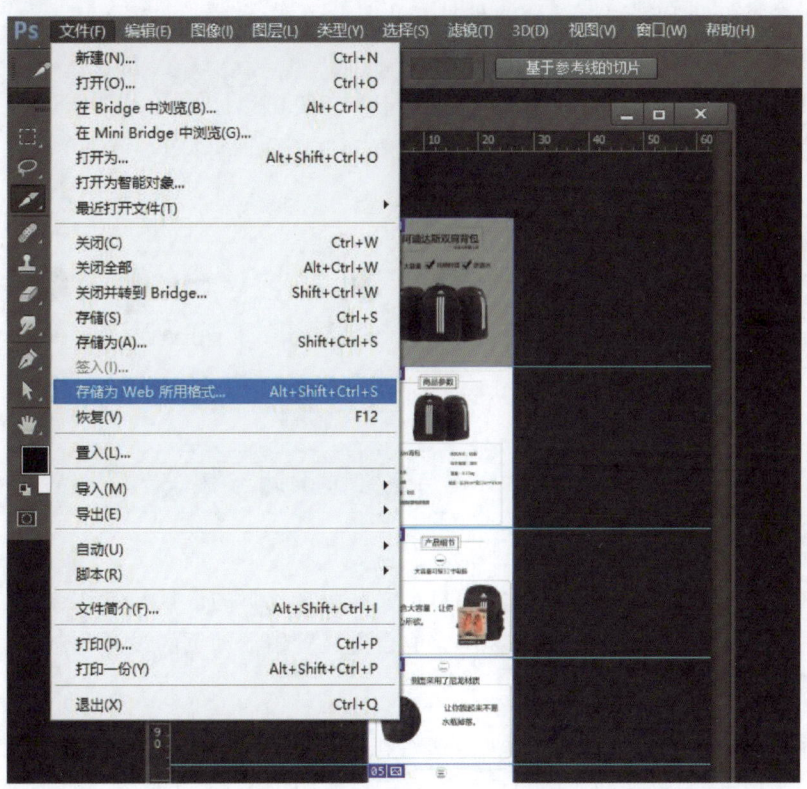

图 2-27　存储为 Web 所用格式

5. 在弹出的对话框中点击"存储"，选择格式为"仅限图像"（图 2-28）

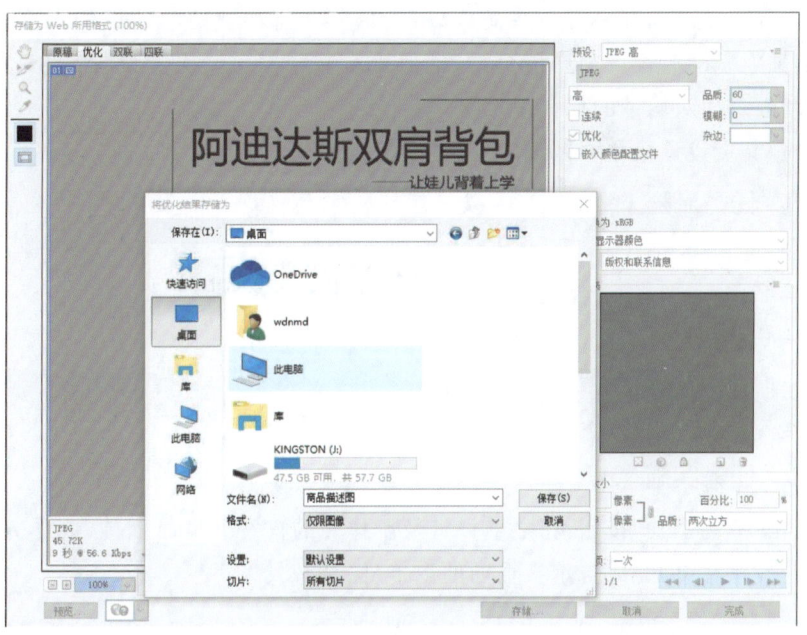

图 2-28　存储图像

6.总结

①选择打开 PS 软件,选择文件打开命令;

②选择需要切片的详情页;

③选择工具栏里的切片工具,选择基于参考线切片;

④选择文件存储为 web 格式命令,选择存储图像即可(图 2-29)。

商品描述图01　商品描述图02　商品描述图03　商品描述图04　商品描述图05　商品描述图06

图 2-29　选择存储图像

岗位任务三　自定义页设计与制作

任务目标

1.能根据企业宣传的需要,完成自定义品牌文化页的设计与制作

2.能根据店铺营销主题的需要,完成自定义营销活动页的设计与制作

任务背景

制作完成网店首页和详情页后,李然在淘宝装修后台还发现了自定义页面的功能,他打算在自己的网店中也添加上自定义页的内容,那么自定义页面到底是用来做什么的呢?在自定义页里适合放什么样的内容呢?如何设计出一个合格的自定义页呢?这些问题都浮现在了李然的脑海里。通过浏览淘宝平台的同行业店铺,他发现很多店铺都会有一些品牌故事、企业文化和营销活动类的内容,这些内容都是独立于网店首页和详情页的,他似乎有些明白了。决定设计一个品牌文化页面,增强客户对店铺的信任度。

自定义页设计尺寸不做限定,根据实际设计需要灵活处理。

任务流程(图 2-30)

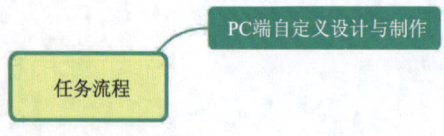

图 2-30　自定义页设计与制作流程

任务实施

点击"上传图片"按钮,将之前设计及制作好的自定义页面上传(制作方法此处略),点击"保存"即完成自定义页面的上传(图 2-31)。

图 2-31 完成自定义页面的上传

任务复盘　　　　　　扫一扫，实战任务笔记区

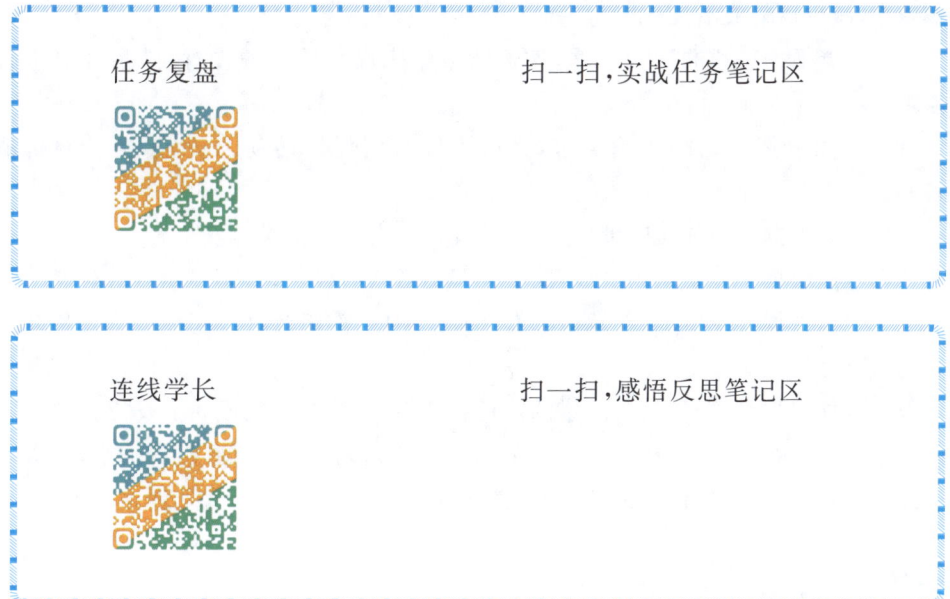

连线学长　　　　　　扫一扫，感悟反思笔记区

模块三　网店基础操作

一、岗位要求

◇ 能根据商品资料，提取相关信息，在平台上按要求完成商品基础信息、销售信息的设置。

◇ 能根据商品详情页的设计逻辑，与页面设计成员合作，完成符合商品特点的图文描述设置。

◇ 能根据不同的收货地、商品规格、运输成本，设置最优的物流模板，提高配送效率，减少运输成本。

◇ 能根据店铺的运营策略，按运营策略完成售后服务设置，满足客户售后需求。

◇ 能根据店铺的营销需求，完成不同类别促销活动的设置，提升网店销售额。

◇ 能根据店铺的品牌策略，完成品牌推广内容的编辑与发布。

◇ 能根据平台要求，完成不同类别营销活动的报名，并通过平台活动审核。

◇ 能根据订单情况，在承诺的发货有效期内，准确及时地完成线下发货并上传物流单号。

◇ 能根据订单情况，在承诺的发货有效期内，按要求完成线上发货。

◇ 能结合商品本身的特性、货值以及收货地，按照平台退换货政策，与买家达成退换货协议，在保证店铺信誉不受影响的前提下完成退换货处理。

二、实训内容

商品是店铺的内容，是一切运营推广活动的载体，所以商品的上传与维护是网店运营推广工作中最基础的部分，作为一个基础运营者，大部分的时间都在进行此项操作。通过本项目的实训，能够在独立开设的店铺中，根据平台的相关规则，完成不同类目商品的上传，为接下来的运营工作打好基础。

在网店运营的过程中，不可避免地会参加这样、那样的营销活动。对于 B 店来说，活动不但能增加品牌的曝光，也能带来更多的流量。对于 C 店来说，活动是引流、促进转化的重要手段，所以说营销活动设置是运营人员必备的一项技能。通过本项目的实训，能够完成平台内的促销活动设置，掌握品牌推广内容的编辑技巧，能够进行品牌营销活动的设置。

日常订单管理主要是指订单生成后的一系列问题。如果说订单生成前，我们想方设法地引流、留存、促转化。那么订单生成后的订单管理工作就是为了通过高效的物流、优质的售后提高买家的复购率。通过本实训项目的训练，能够根据订单情况、用户需求完成线上、线下发货以及退换货处理，提升买家购物体验和店铺的DSR，进而提高复购率。

三、知识结构 （图3-1）

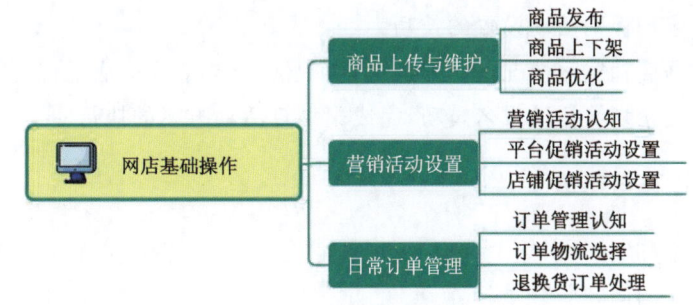

图 3-1　网店基础操作

【实训目标】

岗位任务一　商品上传与维护

 知识与技能

1. 了解不同平台商品发布的流程
2. 了解商品上下架处理的原理
3. 了解不同平台的主要物流方式
4. 熟悉商品发布的主要内容
5. 熟悉商品优化的方法
6. 掌握商品标题撰写及优化的技巧
7. 掌握商品类目优化的方法
8. 能完成不同情况下运费模板的创建
9. 能完成店铺内商品的发布

 过程与方法

通过实训，引导学生举一反三，学会用讨论、探究式的方法解决商品上传与维护过程中的问题。

 情感态度与价值观

通过理实结合的学习过程,培养学生运用已知知识解决实际问题的能力,培养学生对网店平台的感性认知,激发学习的兴趣。

岗位任务二　营销活动设置

 知识与技能

1. 了解不同电商平台的主流活动及店铺促销活动
2. 熟悉不同平台活动报名的条件及流程
3. 掌握店铺促销活动设置的技巧
4. 能根据店铺实际情况,选择合适的类型优惠券,能完成店铺优惠券的设置
5. 能掌握聚划算活动报名技巧,完成聚划算活动方案的执行

 过程与方法

通过理论和实训,引导学生举一反三,学会用讨论、探究式的方法解决营销活动设置过程中的问题。

 情感态度与价值观

通过理实结合的学习过程,提高学生运用已知知识解决实际问题的能力,培养学生的营销思维和创新精神。

岗位任务三　日常订单管理

 知识与技能

1. 了解不同平台的主要物流方式
2. 熟悉不同平台的退换货政策
3. 掌握退换货处理的流程及技巧
4. 能完成订单审核、网上发货以及延长收货时间处理
5. 能对交易成功的买家进行合理的评价
6. 能对申请退换货的订单,进行退换货处理

 过程与方法

通过实训,引导学生通过讨论的方法,探讨物流对网店运营的影响。通过归纳的方法,掌握问题订单处理的技巧,学会解决棘手问题。

情感态度与价值观

通过理实结合的学习过程,提高理论指导实践的能力,培养学生的服务意识。

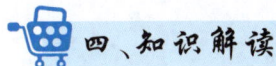 四、知识解读

岗位任务一　商品上传与维护

 教学重点

电商企业主要需要的是能够根据提供的商品信息,按照电商平台的规则完成商品的上传。因此,确定本单元的教学重点如下。

1.商品发布(图 3-2)

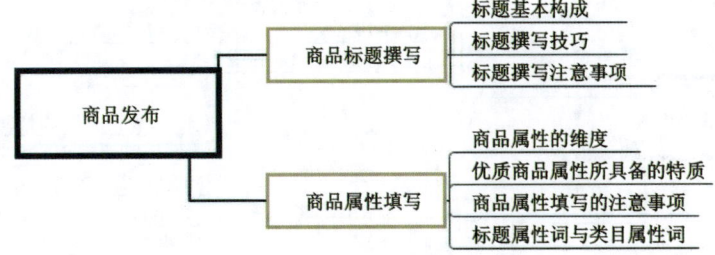

图 3-2　商品发布思维导图

2.商品上下架(图 3-3)

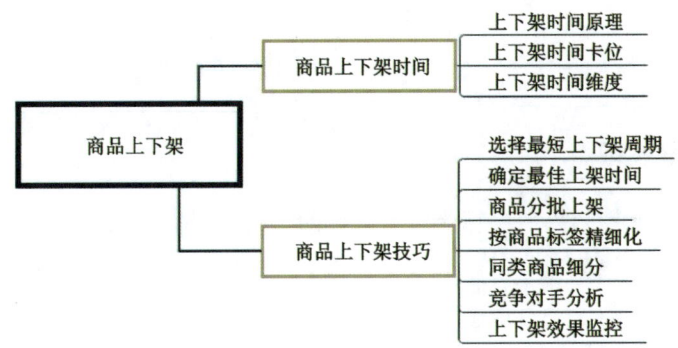

图 3-3　商品上架思维导图

 教学难点

商品发布后,需要通过数据分析来评估商品的表现,一旦出现表现不好的现象,则需要进行优化。什么时候进行优化、如何进行优化、优化后是否能达到预期的效果,这对运营人员具有较高的要求。因此,本任务教学难点如下。

1. 商品标题优化（图 3-4）

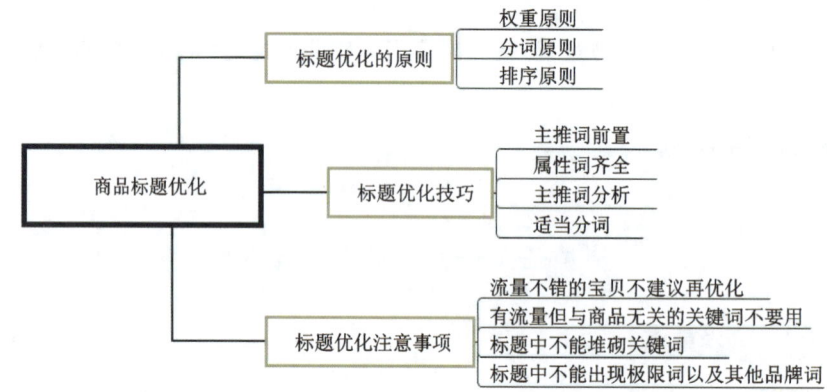

图 3-4　商品标题优化思维导图

2. 商品类目优化（图 3-5）

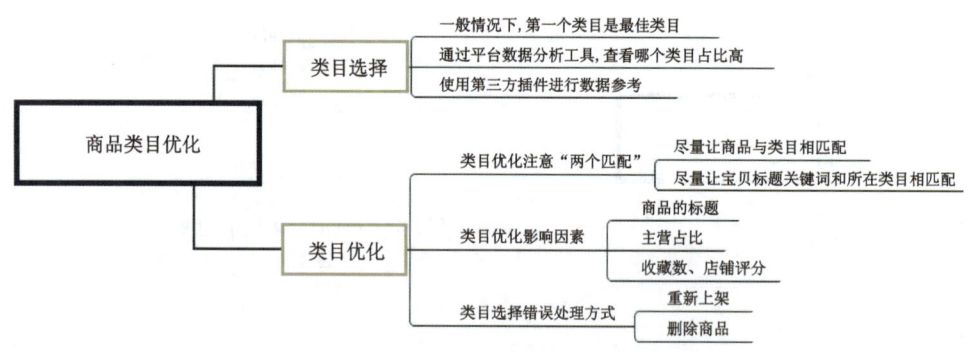

图 3-5　商品类目优化思维导图

岗位任务二　营销活动设置

 教学重点

店铺营销活动效果的好坏受多重因素的影响，常见的店铺营销活动有优惠券、搭配套餐等。店铺活动相对来说较为简单，主要考验运营者的洞察力和市场掌控力，因此，本任务教学重点如下。

1. 促销活动开展流程（图 3-6）
2. 不同类型促销活动设置（图 3-7）

 教学难点

参加平台活动是每个网店运营工作人员都在考虑的事情，但普遍认为学生的实践经验薄弱且理论转化为实践的能力不足。因此，本任务教学难点如下。

1. 淘宝平台活动策划（图 3-8）

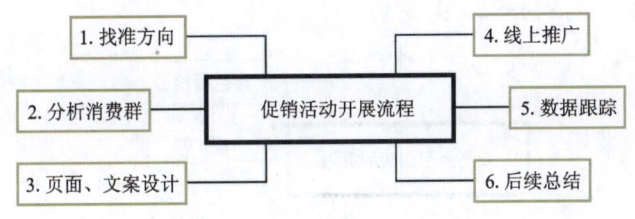

图 3-6　促销活动开展流程图

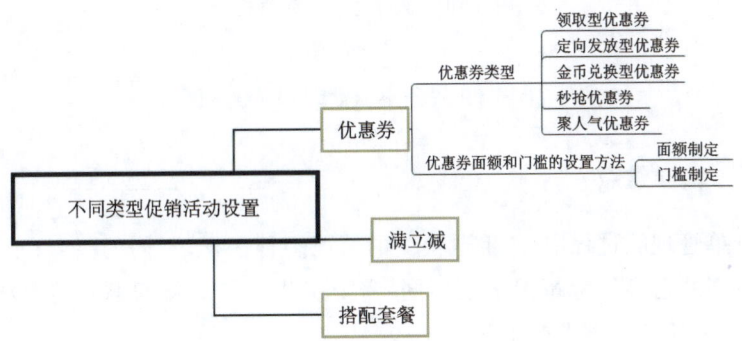

图 3-7　不同类型促销活动设置

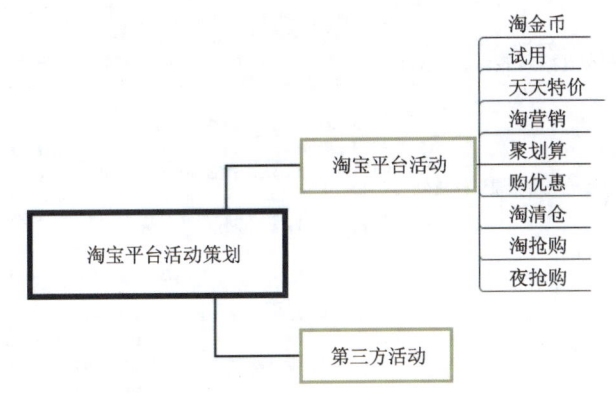

图 3-8　淘宝平台活动策划

2. 速卖通平台活动策划（图 3-9）

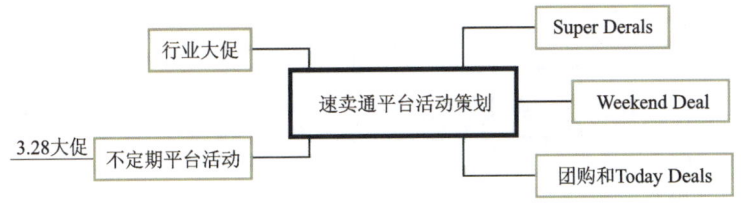

图 3-9　速卖通平台活动策划

3.亚马逊平台活动策划(图3-10)

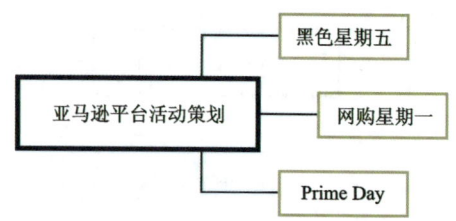

图3-10 亚马逊平台活动策划

岗位任务三 日常订单管理

 教学重点

在订单管理的过程中,产生退换货的情况多种多样,不同的买家、不同类型的订单涉及到的退换货考量因素也不同,需要工作人员具体问题具体分析,灵活处理。因此,本任务教学难点如下。

1.退换货规则(图3-11)

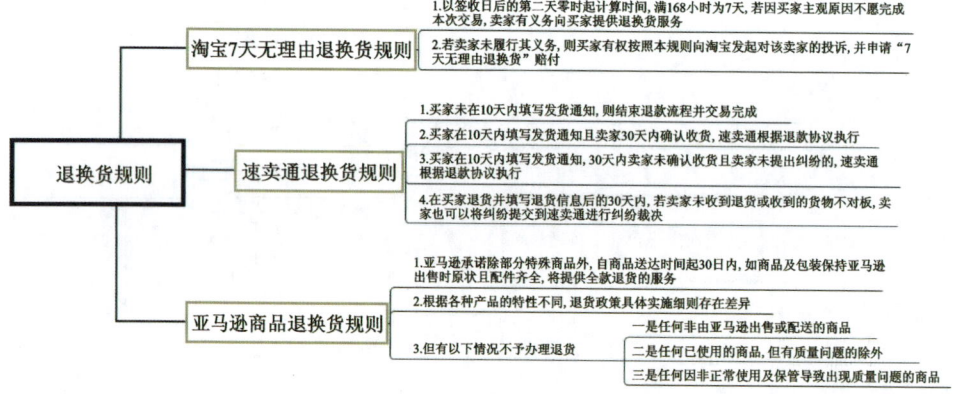

图3-11 退换货规则

2.退换货技巧(图3-12)

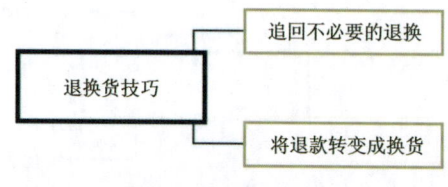

图3-12 退换货技巧

 教学难点

相较于国内电商来说,跨境电商的订单管理更为复杂。因此,确定本单元的教学难点如下。

1. FBA 物流（图 3-13）

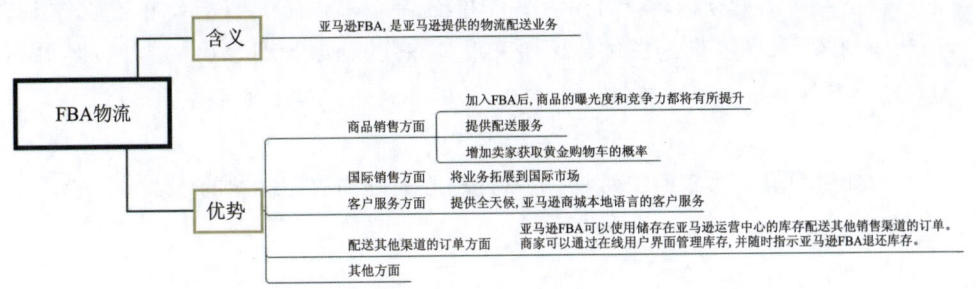

图 3-13　FBA 物流

2. 跨境平台退换货处理（图 3-14）

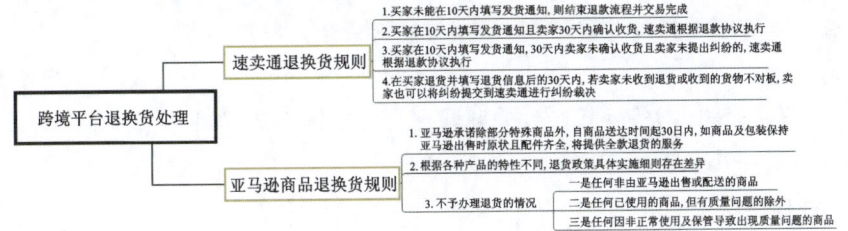

图 3-14　跨境平台退换货处理

知识链接　　　　　　　　　　扫一扫，自主学习笔记区

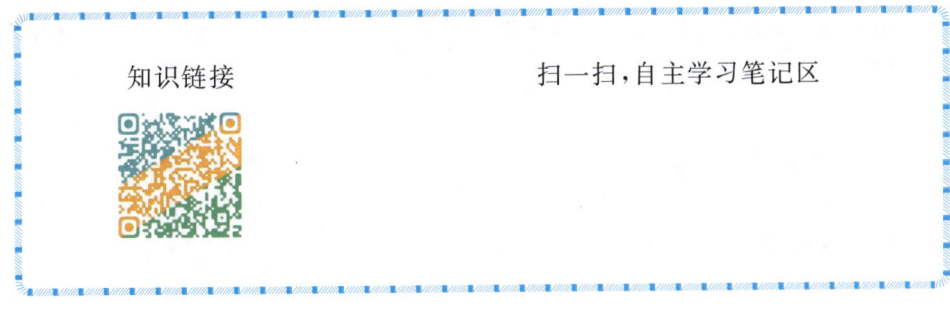

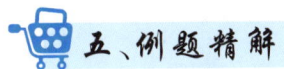

五、例题精解

模块 3.1

（一）单选题

（1）在撰写商品标题时，每个平台的商品要求不同，以下亚马逊平台标题撰写要求错误的是（　　）。

A. 每个单词的首字母必须大写

B. 不能用任何特殊字符和符号

C. 标题长度控制在
D. 不要放任何其他人的品牌

解析：亚马逊平台标题撰写注意事项有：①每个单词的首字母必须大写，连词、冠词、介词除外；②不能是任何特殊字符或符合；③标题控制在(100～180字符)；④不能带有与商品无关的任何促销信息；⑤不要放任何其他的品牌。

正确答案：A

(2) 如果只有一个核心关键词，通常把核心关键词放在标题的（　　）位置。
A. 开头
B. 中间
C. 结尾
D. 都可以

解析：如果商品有两个核心的关键词，可以将一个放在开头，将另一个放在结尾。如果只有一个核心关键词，把核心关键词放开头即可。

正确答案：A

(3) 商品标题由关键词组成，关键词主要包括核心词、类目词、属性词以及长尾词四种类型。其中属性词是指（　　）。
A. 商品名称
B. 商品类目
C. 商品属性
D. 商品修饰词

解析：核心词是商品的名称，表明店铺所卖的是什么商品。类目词是店铺商品所在的类目。属性词则是描述商品相关属性的词语。

正确答案：C

(二) 多选题

(1) 做好商品标题优化更容易吸引流量，下列属于标题优化原则的是（　　）。
A. 权重原则
B. 分词原则
C. 排序原则
D. 前置原则

解析：标题优化的原则：①权重原则，选择权重得分较高的词，将这类词放入商品标题中。②分词原则，这是为了便于搜索和关键词加权。③排序原则，这一点是针对搜索引擎做优化的。

正确答案：ABC

(2) 标题撰写中哪些词不能使用？（　　）
A. 极限词
B. 营销词
C. 别人的品牌词

D. 属性词

解析：标题优化注意，标题中不能出现极限词以及其他品牌词。极限词主要体现在最高级上，这主要涉及广告法的违规，使用其他品牌词引流会导致被排查下架。

正确答案：AC

(三)判断题

(1)宝贝标题只给搜索引擎看。

解析：一个优秀的商品标题不仅能向买家介绍商品的特征，传达商品的有效信息，还能尽可能多地包含高相关性的关键词，以提高商品搜索量和浏览量，进而带动销量。

正确答案：错误

(2)商品上下架时间卡位的目的是通过对商品上下架时间正确规划与安排，实现免费流量最大化，所以尽量在每个月的固定时间统一上架商品。

解析：商品上下架时间卡位的目的是通过对商品上下架时间正确规划与安排，实现免费流量最大化，所以应该通过前期的规划和调查，按照周期分每天每个时段上架商品。

正确答案：错误

模块 3.2

(一)单选题

(1)以下不属于亚马逊平台大型节假日活动的是（　　）。

A. 黑色星期五

B. 满立减

C. 网购星期一

D. PrimeDAY

解析：亚马逊三个大型假日活动是：①黑色星期五，每年感恩节的第二天，收到邀请后才能报名，价格要达到全年最低价。②网购星期一，"黑色星期五"之后的第一个星期。③Prime Day，亚马逊会员日，每年的七月中旬，每个站点开始时间稍有不同。

正确答案：B

(2)小美的店铺参加了天天特价活动，由此可以推断小美家的网店性质是（　　）。

A. 天猫商城店

B. 天猫旗舰店

C. 天猫品牌专营店

D. 淘宝店

解析：天天特卖能够为小卖家提供流量增长且不收取任何费用。基本条件是：开店时间90天及以上，淘宝店铺信用等级1钻以上。

正确答案：D

(3)下列属于亚马逊 PrimeDay 报名规则的是（　　）。

A. 商品折扣至少 10%

B. 商品支持 Prime 寄送

C. 能够持续供货最多 60 小时

D. 商品评论 2 星及以上

解析：亚马逊 PrimeDay 报名规则：①商品支持 Prime 寄送；②商品折扣至少 20%；③要有足够的存货，能够持续供货最多 6 小时的 Lightning Deal 时段；④商品评论三星以上，所有商品图片都要符合样式规定；⑤所有交易都必须通过亚马逊后台申请。

正确答案：B

(二) 多选题

(1)优惠券的类型包括（　　）。

A. 领取型优惠券

B. 定向发放型优惠券

C. 金币兑换型优惠券

D. 秒抢优惠券

解析：最常见的优惠券类型有五种：①领取型优惠券，是公开面向所有买家的，主要用来进行变相降价促销、提升转化率和提高客单价等。②定向发放型优惠券，通过特定的渠道进行发放的，并非所有买家都可以领取。③金币兑换型优惠券，流量入口来自手机端的金币频道。④秒抢优惠券，通过无门槛的大额店铺优惠券吸引买家到店，并且可有效维持店铺的买家活跃度。⑤聚人气优惠券，通过买家人传人的形式快速给店铺带来新流量。

正确答案：ABCD

模块 3.3

(一) 单选题

(1)加入亚马逊 FBA 会有诸多好处，以下不属于加入 FBA 好处的是（　　）。

A. 提高商品的曝光度和竞争力

B. 有资格向消费者提 Prime 配送服务

C. 能够增加卖家获得 buybox 的概率

D. 能够使用特瞬送服务

解析：亚马逊 FBA，是亚马逊提供的物流配送业务。加入亚马逊 FBA 后，商品的曝光度和竞争力都将有所提升。能够向消费者提供 Prime 配送服务。还能够增加卖家获取黄金购物车(Buy Box)的概率。

正确答案：D

(2)淘宝（　　）七天无理由退换货规则，以起计算时间，满 168 小时为 7 天。

A. 具体签收时间

B. 签收日后的第二天零时

C. 确认收货时间

D. 申请退换货时间

解析：淘宝7天无理由退换货具体为：以签收日后的第二天零时起计算时间，满168小时为7天，若因买家主观原因不愿完成本次交易，卖家有义务向买家提供退换货服务；若卖家未履行其义务，则买家有权按照本规则向淘宝发起对该卖家的投诉。

正确答案：B

（二）多选题

（1）亚马逊FBA是亚马逊提供的物流配送业务，在亚马逊商品退换货规则中，下列哪些情况不予办理退货的是（　　）。

A. 不是由亚马逊出售或配送的商品

B. 商品及包装保持出售时原状且配件齐全

C. 已使用过的影响销售的商品

D. 非正常使用及保管导致出现质量问题的商品

解析：亚马逊根据各种产品的性质不同，退货政策具体实施细则存在差异。但有以下情况不予办理退货：一是任何非由亚马逊出售或配送的商品；二是任何有质量问题的商品，但已使用过的除外；三是任何因非正常使用及保管导致出现质量问题的商品。

正确答案：ACD

（2）E3系统的订单类型分为未确定、延迟确定、已确定、（　　）等几种类型。

A. 预售

B. 无效

C. 挂起

D. 完成

解析：E3系统的订单类型分为未确定、延迟确定、已确定、预售、挂起、无效、完成等七种类型。

正确答案：ABCD

 六、同步练习

同步测试

（一）单选题

（1）在报名聚划算的时候，一般是原价的（　　）左右，如果成交价格过高会导致竞价无优势，而不能通过聚划算审核。

A. 1折

B. 3折

C. 5 折

D. 8 折

（2）（　　）是淘系规模和爆发力最强的营销平台之一，也是卖家快速打造爆款及累积用户群的重要营销平台之一。

A. 夜抢购

B. 聚划算

C. 淘清仓

D. 试用

（3）（　　）影响着一件商品在搜索中的排序和点击率，一般当卖家在商品的标题中体现属性词的时候，系统会认为这个标题比较正规，信息比较丰富，品质比较优秀。

A. 标题属性词

B. 营销属性词

C. 核心属性词

D. 长尾属性词

（4）PrimeDay 是（　　）平台常用的促销活动。

A. 淘宝

B. 速卖通

C. 亚马逊

D. 唯品会

（5）按商品标签精细化可以把店铺商品分成爆款、热销款、滞销款、（　　）等来具体安排商品上下架时间。

A. 活动款

B. 新款

C. 一般款

D. 违规款

（6）标题违规会影响店铺的综合质量分，进而影响自然搜索排名，宝贝标题中不允许含有（　　）。

A. 空格

B. 逗号

C. 年份

D. 季节

（7）不同的商品或者同一商品的不同阶段，标题发挥的作用不一样，下面（　　）商品，标题在其整个权重里面的占比最低。

A. 新款

B. 爆款

C. 品牌款

D. 引流款

(8)菜鸟联盟成立以来,已经推出当日达、次日达、预约配送等优质产品,并承诺(　　)。

A. 七天无理由退换货

B. 说到就到,不到就赔

C. 赠送运费险

D. 极速退款

(9)菜鸟联盟是提升电商物流服务体验的组织,由阿里巴巴三大战略业务板块之一的菜鸟网络牵头联合国内外主要物流合作伙伴组建,菜鸟是第(　　)方物流。

A. 一

B. 二

C. 三

D. 四

(10)单管理流程是从订单的创建到完成的整个流程,分为(　　)、订单确认、通知配货和发货四个阶段。

A. 记录订单

B. 分析订单

C. 订单录入

D. 审核订单

(11)目前 ERP 信息系统可以分成两种类型,一种是第三方平台提供服务另一种是(　　)。

A. 通过应用平台进行下载的 ERP 系统

B. 在开发型平台上研发的

C. 自行研发

D. 成品套装的 ERP 系统

(12)后台编辑促销活动时,主要分为三大模块,其中活动定义模块包括(　　)。

A. 商品范围

B. 活动描述

C. 活动价格

D. 赠品信息

(13)前端页面的信息展示主要包括三个层面,一是商品卡片、二是商品详情、三是(　　)。

A. 活动信息

B. 领券入口

C. 购物车

D. 活动标识

(14)商品的标题时刻保持最佳的状态,商品才能获得更多的流量和点击,在标题优化时,商品的标题不应该与(　　)一致。

A. 商品属性
B. 宝贝详情的图片展示
C. 关联推荐的商品
D. 商品类目

(15)商品发布时,类目的选择非常重要,类目选择不当会损失掉很大一部分流量,小李经营一家饰品店,想卖黄金手链,那么他应该放在哪个类目下呢?(　　)

A. 饰品类目下
B. 黄金类目下
C. 居家类目下
D. 专柜施华洛世奇专柜

(16)通过数据分析得知,不是网购交易高峰期的是(　　)。

A. 上午 9:00—12:00
B. 中午 12:00—13:00
C. 下午 1:00—4:00
D. 晚上 7:00—9:00

(17)通过无门槛大额店铺券吸引买家到店,并能有效维持店铺买家活跃度的优惠券是(　　)。

A. 领取型优惠券
B. 金币兑换型优惠券
C. 秒抢优惠券
D. 聚人气优惠券

(18)网店中的商品发布是运营人员在卖家后台按照平台(　　)规则和流程,通过文字和图片的形式将商品发布到自己的店铺中。

A. 商品发布
B. 商品上传
C. 宝贝上架
D. 宝贝上传

(二)多选题

(1)利用好商品上下架技巧可以获得大量精准流量,实现免费增长店铺流量及成交率,以下属于商品上下架技巧的是(　　)。

A. 按商品标签精细化
B. 上下架效果监控
C. 同类商品汇总
D. 竞争对手分析

(2)日常订单的分类管理通常采用ERP信息系统,目前的ERP信息系统可以分为(　　)。

A. E店宝

B. 第三方平台提供服务

C. 自行研发

D. E3系统

(3)商品标题的使用要符合平台的规则,否则会受到平台的处罚,以下商品标题中乱用关键词的是(　　)。

A. 冲冠特卖,转角花架大甩卖

B. 淘宝网最低价,豹纹女装

C. 权威认证优质咖啡保温杯

D. 冲钻甩卖,全网最低价HP传真机

(4)商品发布的过程中,不同平台略有差异,但核心内容主要包括(　　)。

A. 商品标题撰写

B. 商品图片优化

C. 商品属性填写

D. 商品卖点提炼

(5)商品类目选择的方法主要有哪些?(　　)

A. 择官方发布入口推荐的第一个类目

B. 用平台数据分析工具进行数据参考

C. 用第三方插件进行数据参考

D. 搜索引擎进行数据参考

(6)商品上下架时间维度包括(　　)。

A. 每周的时间维度

B. 每天的时间维度

C. 每月的时间维度

D. 每年的时间维度

(7)商品上下架在日常运营中起着巨大的作用,利用好宝贝上下架时间,可以带来短期排名的提升,以下属于商品上下架技巧的是(　　)。

A. 选择最小上下架周期

B. 确定最佳上架时间

C. 商品分批上架

D. 同类商品细分

(8)商品属性填写的注意事项包括(　　)。

A. 属性越详细越好,不要留空

B. 属性词里面的用词不要反复填写

C. 属性词里面一定要包含商品主推关键词

D. 属性词的填写要和标题相关并表述一致

(9)淘宝平台标题栏不允许输入(　　)个字符。

A. 60

B. 70

C. 128

D. 200

(10)通常情况下撰写标题需要注意以下（　　）事项。

A. 相关性

B. 适用性

C. 规范性

D. 简洁性

(11)挖掘标题关键词的途径有很多，阿里系卖家经常（　　）等工具进行选词。

A. 生意参谋

B. 直通车

C. 阿里指数

D. 数据纵横

(12)下列关于"确认订单"说法对的是（　　）。

A. 确认订单就是核实收货信息是否有误，避免后续因为地址有误造成的售后问题

B. 确认订单就是在店铺后台随手一点的事情

C. 确认订单是再次确认所有信息，让顾客有安全感，如果错了也能及时修正

D. 确认订单信息其实没什么必要的，就是结尾送走顾客的一种方式而已

(13)下列关于不同电商平台的退换货规则说法对的有（　　）。

A. 淘宝7天无理由退换货时间是从签收日第二天零时起计算时间

B. 速卖通平台买卖双方达成退款协议后，买方应在10天内完成退货并填写发货通知

C. 速卖通平台买卖双方达成退款协议，买家在10天内填写发货通知，30天内卖家未确认收货且卖家未提出纠纷的，速卖通根据退款协议执行

D. 亚马逊平台除部分特殊商品外，送达时间起30日内，提供全款退货的服务

(14)在发布商品时类目的选择十分重要，类目选择的精准度越高，就越容易被买家搜索到，当类目选择错时应如何处理？（　　）

A. 重新上架

B. 重新开店

C. 删掉商品

D. 联系平台客服

(15)在进行标题优化时，一般标题不建议经常改动，也没必要每个宝贝标题都优化，一般7天后再优化效果会比较好，因为（　　）。

A. 经常优化标题太累

B. 有个时间段观察效果

C. 改得太频繁会被降权

D. 改得太频繁会造成客户流失

(三)判断题

(1) 7天的判断依据应以发票日期为准,而不是以消费者实际收到货物的日期为准。

A. 对
B. 错

(2) 宝贝标题在优化时必须根据宝贝每个阶段的不同属性进行设置,一般情况下,新品期尽量避免大词竞争、爆款期找大词增强竞争力。

A. 对
B. 错

(3) 标题空格会不会影响到搜索结果,主要在于我们在空格时会不会引起分词混乱。

A. 对
B. 错

(4) 标题属性词影响商品在搜索中的排序和点击率,一般当卖家在商品的标题中体现属性词的时候,系统会认为这个标题比较正规,信息比较丰富,品质比较优秀。

A. 对
B. 错

(5) 标题与首图、详情页相关,是为了提升转化率。

A. 对
B. 错

(6) 类目属性词影响商品在搜索中的排序和点击率,一般当卖家在商品的标题中体现属性词的时候,系统会认为这个标题比较正规,信息比较丰富,品质比较优秀。

A. 对
B. 错

(7) 卖家加入7天无理由退换货服务承诺后,买家的退换货费用由卖家承担。

A. 对
B. 错

(8) 卖家在搜索查询词和行业热搜词里面,查找流量比较大的词,建立好词库并进行筛选,把与品牌、人群、属性不相关和人气太低的词删除,删除完后留下来的词就是我们要进行组合的词。

A. 对
B. 错

(9) 通常情况下,周末人们都比较闲,逛淘宝的人会比较多,所以商品上下架安排在周六周日比较多一点,周一到周五安排则比较少。

A. 对

B. 错

(10)通过无门槛大额店铺券吸引买家到店,并能有效维持店铺买家活跃度的优惠券是聚人气优惠券。

A. 对

B. 错

(11)在商品有多个核心的关键词时,最好把所有核心关键词都放在标题的开头位置。

A. 对

B. 错

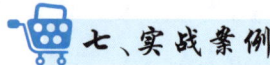

七、实战案例

岗位任务一　商品上传与维护

任务目标

1.能完成不同情况下运费模板的创建

2.能完成店铺内商品的发布

任务背景

店铺信息设置完成后,李然开始根据不同商品的实际情况创建不同的运费模板,然后上传拉杆箱、钱包、单肩包、双肩背包、手提包等5种商品。5种商品均从余杭区进行发货。运费模板设置下列相关信息。

运费模板名称为"拉杆箱运费模板",下单后2天内发货,卖家承担运费,快递按件数收费。

运费模板名称为"钱包运费模板",下单后12小时内发货,卖家承担运费,EMS按件数收费。

运费模板名称为"双肩包运费模板",双肩包采用买家承担运费的形式,设置的运费模板是自定义运费按件数计价,默认运费1件以内6元,每增加1件,运费增加4元,三天内发货的快递方式。

运费模板名称为"单肩包运费模板",单肩包设置除新疆、西藏、内蒙古、青海、海南、宁夏以外的地区免邮,而这些偏远地区则采用计件的方式收取运费,设置的运费模板是自定义运费,按件数计价,默认运费1件以内6元,每增加1件,运费增加4元,3天内发货的快递运送方式。

运费模板名称为"手提包运费模板",手提包的运费采用计件的方式,设置的运费模板为自定义运费按件数计价,默认运费1件以内6元,每增加1件,运费增加4元,两天内发货的快递运送方式。

店铺信息设置完成后,李然开始根据不同商品的实际情况创建不同的运费模板,然后上传拉杆箱、钱包、单肩包、双肩背包、手提包等5种商品。5种商品均从余杭区进行发货。商品上传相关信息见表3-1~表3-10(商品图片通过图片空间调用,详情描述图片通过本地上传)。

表3-1 拉杆箱商品参数

图案	纯色	闭合方式	拉链	箱包硬度	硬
风格	小清新	性别	男女通用	内部结构	拉链暗袋、证件袋、夹层拉链袋、电脑插袋
质地	PC	里料材质	涤纶	滚轮样式	万向轮
是否带锁	是	锁的类型	TSA密码锁	销售渠道	只在线上销售

表3-2 拉杆箱销售信息

宝贝规格	20寸、24寸	价格/元	699
总数量/个	500	采购地	国内
颜色	珠光粉色、太空银色、爆炸红色、星辰黑色		
付款模式	一口价	服务	180天免费换新
商品卖点	万向静音轮,顺滑且耐磨,双层防爆拉链,装得多		
售后服务	提供发票、保修服务	库存计数	买家拍下减库存
上架时间	定时上架		

表3-3 钱包商品参数

图案	卡通动漫	闭合方式	搭扣	流行元素	印花
质地	PVC	里料材质	涤纶	风格	日韩
卡位数	13个	内部结构	大钞夹、相片位、零钱位、证件位、卡位	销售渠道类型	只在线上销售

表 3-4 钱包销售信息

参加活动	春夏新风尚	价格/元	169
总数量/个	50	采购地	国内
颜色	绿色、棕色、黑色		
付款模式	一口价	服务	60天免费换新
商品卖点	配料选用超纤皮料,更加轻盈耐磨、手感更加柔软		
售后服务	提供发票	库存计数	买家付款减库存
上架时间	立即上架		

表 3-5 双肩包商品参数

图案	文字	形状	竖款方形	闭合方式	拉链
内部结构	拉链暗袋、电脑插袋			容纳电脑尺寸	11英寸
箱包硬度	软	里料材质	绵纶	防水程度	防泼水
提拎部件类型	软把	是否有背部缓冲棉	否	肩带样式	双根
有无夹层	有	风格	日韩	销售渠道类型	只在线上销售
外部材质	尼龙	打开方式	拉链	重量	0.37kg

表 3-6 双肩包销售信息

参加活动	春夏新风尚	价格/元	149
总数量/个	100	采购地	国内
颜色	红色、黑色、粉色、黄色、浅蓝色		
付款模式	一口价	服务	60天免费换新
商品卖点	加厚夹棉肩带,轻松背负不滑落		
售后服务	提供发票、保修服务	库存计数	买家付款减库存
上架时间	立即上架		

表 3-7 单肩包商品参数

风格	日韩	形状	竖款方形	闭合方式	磁扣
质地	PVC	有无夹层	无	图案	纯色
里料材质	涤纶	肩带样式	单根	箱包硬度	软
背包方式	单肩斜挎	销售渠道类型	只在线上销售		

表 3-8 单肩包销售信息

参加活动	公益宝贝计划	价格/元	99
总数量/个	100	采购地	国内
颜色	芭比蓝、暮光蓝、搞怪粉、鬼马橙、森林绿		
付款模式	一口价	服务	30天免费换新
商品卖点	立体 Logo 刺绣,生动立体精致美感		
售后服务	提供发票、保修服务	库存计数	买家付款减库存
上架时间	立即上架		

表 3-9 手提包商品参数

流行元素	印花	闭合方式	磁扣	形状	横款方形
质地	超纤合成革	内部结构	拉链暗袋、手机袋		
里料材质	绵纶	图案	纯色	风格	小清新
箱包硬度	软	肩带样式	无肩带	用途	钱包、手机包、眼镜袋

表 3-10　手提包销售信息

参加活动	聚划算	价格/元	199
总数量/个	20	采购地	国内
颜色	咖色、奶油色		
付款模式	一口价	服务	60天免费换新
商品卖点	全包身采用超纤材质,轻盈耐磨更耐用		
售后服务	提供发票	库存计数	买家付款减库存
上架时间	定时上架		

任务流程

商品上传流程如图 3-15 所示。

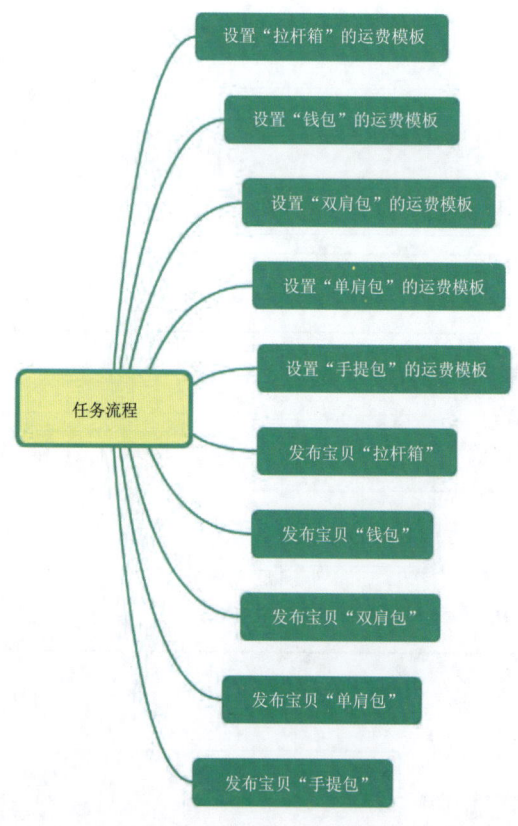

图 3-15　商品上传流程图

任务实施

第一步 设置运费模板

1. 设置"拉杆箱"的运费模板,点击"物流工具"进入运费模板(图 3-16)

图 3-16 进入运费模板

2. 在"运费模板设置"中点击"新增运费模板",根据"任务背景"的信息填完相应内容,如图 3-17 所示,点击保存即可

图 3-17 新增运费模板

3. 用同样的方法设置钱包的运费模板(图 3-18)

图 3-18　设置钱包的运费模板

4. 设置双肩包的运费模板(图 3-19)

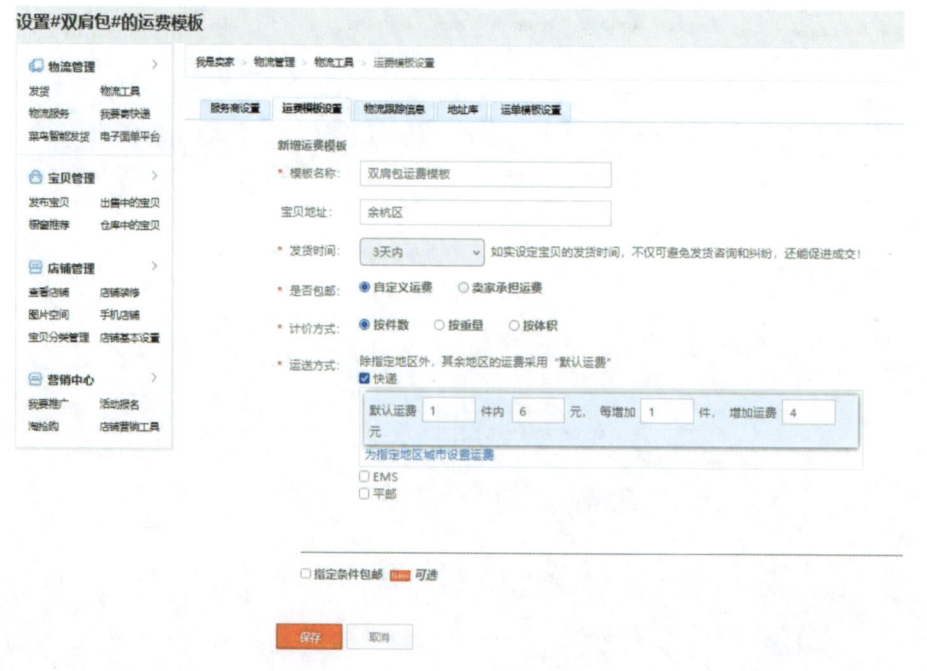

图 3-19　设置双肩包的运费模板

5. 设置单肩包的运费模板（图3-20）

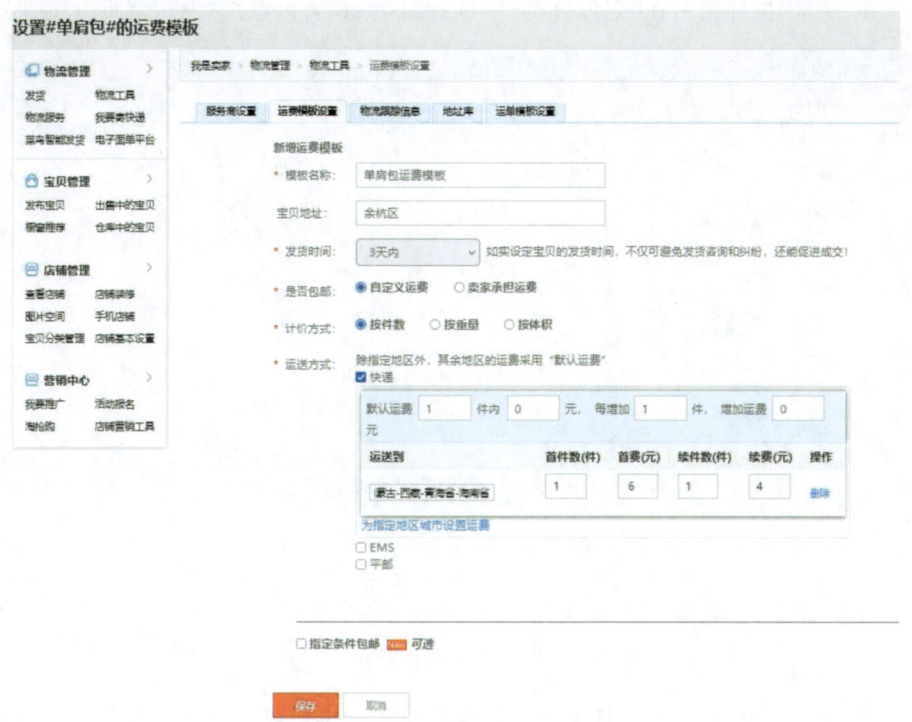

图3-20　设置单肩包的运费模板

6. 设置手提包的运费模板（图3-21）

图3-21　设置手提包的运费模板

第二步 发布宝贝

1. 发布"拉杆箱",在"宝贝分类"中选择对应的类目,点击"发布宝贝"(图 3-22)

图 3-22　发布宝贝

2. 发布"拉杆箱",根据任务详情填写宝贝的基本信息,点击"发布"(图 3-23)

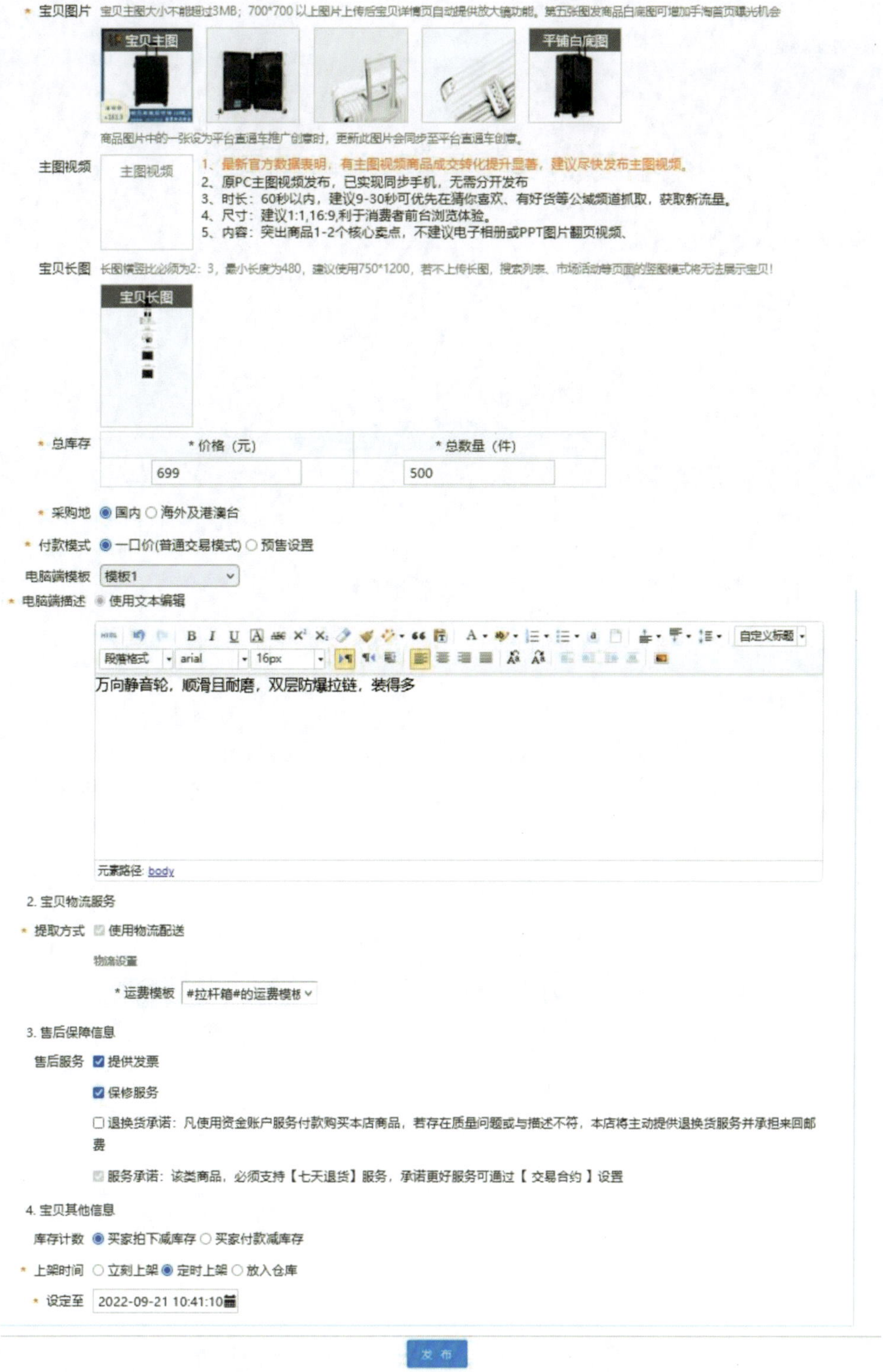

图 3-23　填写拉杆箱基本信息并发布

3. 同样的方法,发布钱包(图 3-24)

图 3-24　发布宝贝钱包

4. 根据任务详情填写宝贝的基本信息,点击"发布"(图 3-25)

图 3-25　填写钱包基本信息并发布

5. 同样的方法，发布双肩包（图 3-26）

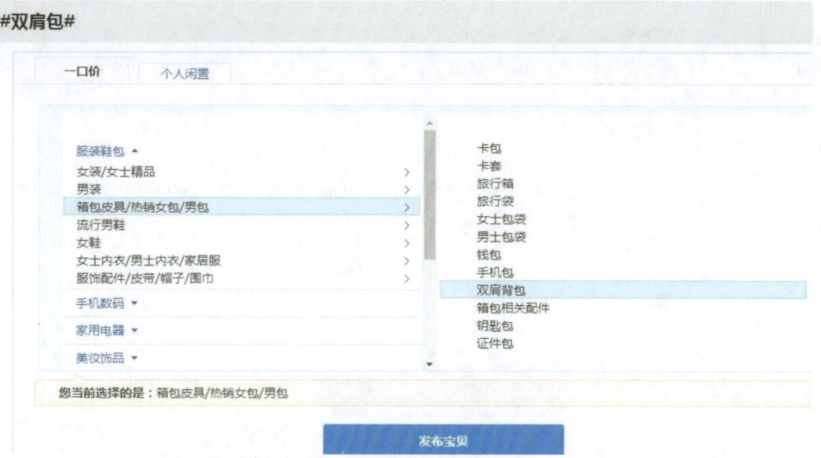

图 3-26　发布宝贝双肩包

6. 根据任务详情填写宝贝的基本信息，点击"发布"（图 3-27）

图 3-27 填写双肩包信息并发布

7. 同样的方法发布单肩包(图 3-28)

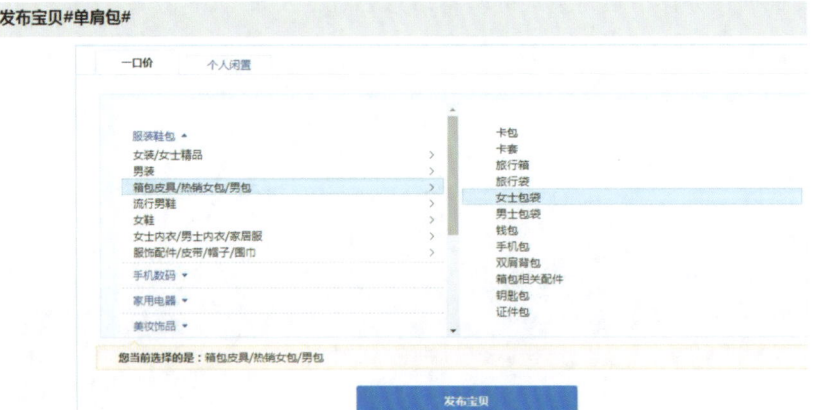

图 3-28 发布宝贝单肩包

8. 根据任务详情填写宝贝的基本信息,点击"发布"(图 3-29)

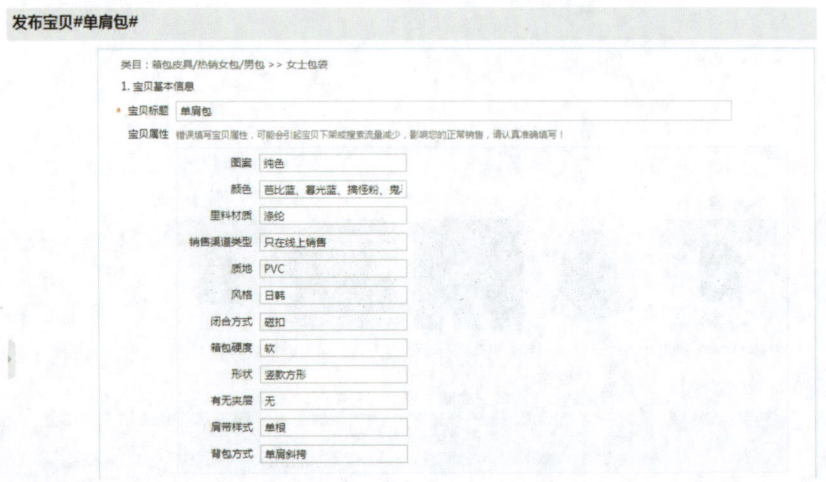

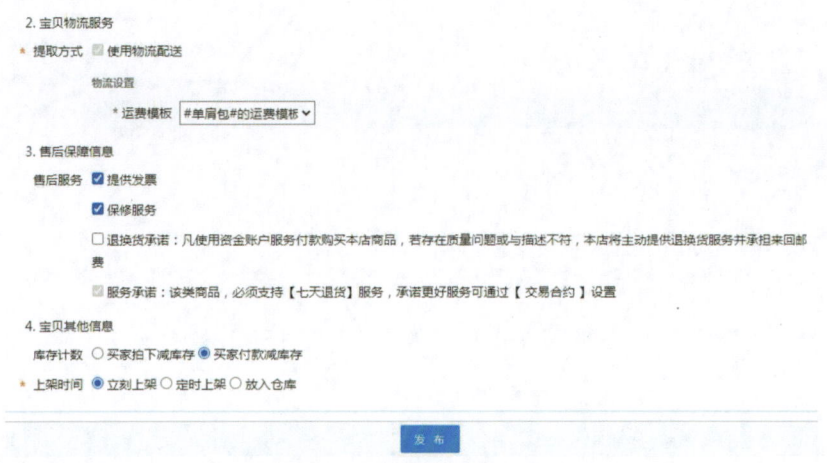

图 3-29　填写单肩包信息并发布

9. 同样的方法发布手提包（图 3-30）

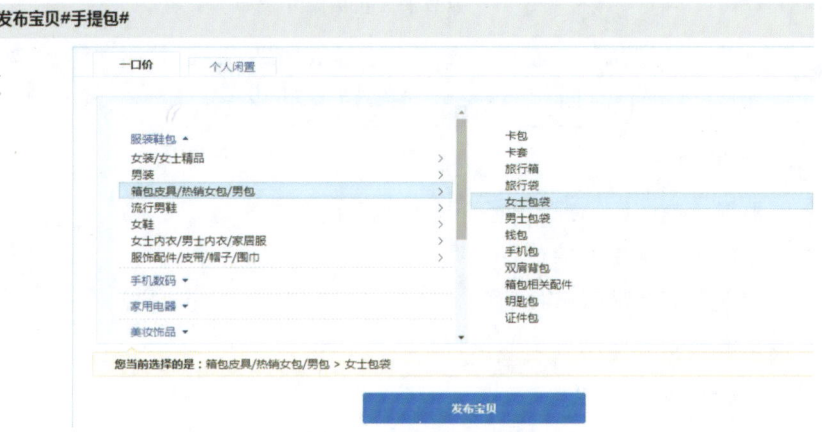

图 3-30　发布宝贝手提包

10. 根据任务详情填写宝贝的基本信息，点击"发布"（图 3-31）

图3-31　填写手提包信息并发布

岗位任务二　营销活动设置

任务目标

1. 能根据店铺实际情况，选择合适的类型优惠券
2. 能完成店铺优惠券的设置
3. 掌握聚划算活动报名技巧
4. 能完成聚划算活动方案的执行

任务背景

优惠券是大促营销和店铺活动营销的常规玩法，可以激起买家的购买欲望，让买家冲动消费，是店铺和单品转化率的神器。元旦来临之际，李然准备根据店里近3个月单肩包、双肩背包、手提包等5款商品销售情况，通过店铺优惠券的形式做一次营销活动。

活动名称：店铺优惠券。

活动规则：满99减5面额，发行量100张，每人限领2张。

使用期限：2019-12-31至2020-03-10。

任务流程

任务流程如图3-32所示。

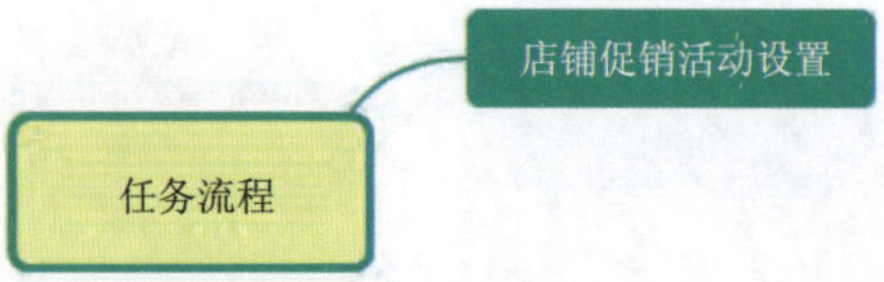

任务实施

第一步　店铺促销活动设置

1. 点击左侧下方"营销中心"中的"店铺营销工具"（图3-33）

图3-32　任务流程示意图

图 3-33　点击"店铺营销工具"

2. 点击进入"优惠券教程"页面（图 3-34）

图 3-34　点击"优惠券教程"

3. 点击右上角的"＋店铺优惠券",进入创建优惠券的页面(图 3-35)

图 3-35　点击"＋店铺优惠券"

4. 根据"任务背景"填写基本信息,"确认创建"后即完成本次店铺促销活动的设置(图 3-36)

图 3-36　填写活动信息并创建

岗位任务三　日常订单管理

任务目标

能完成订单审核、网上发货以及延长收货时间处理。

任务背景

经过前期的运营,店铺内陆续开始有大量的订单的产生。为了提高买家的购物体验和店铺的 DSR 评分,李然需要密切关注各类订单的状态。对需要发货的订单进行及时的发货处理。对于已经交易成功的买家,为了增强和她的互动,进行相应的评价;对由于特殊原因造成收货延迟的订单进行延长收货时间处理,对于由于商品、物流问题引发的退换货订单,积极与买家协调进行相应的退换货处理。

发货地址:浙江省杭州市余杭区仁和街道 56 号。

退货地址:浙江省杭州市余杭区仁和街道 56 号。

该任务订单发货快递为圆通,单号 235741978338。

任务流程

任务流程如图 3-37 所示。

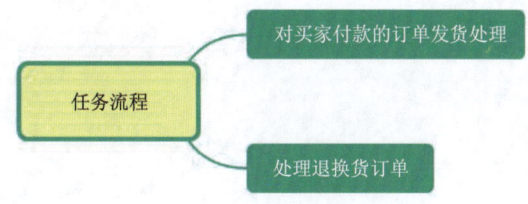

图 3-37　任务流程

任务实施

第一步　对买家付款的订单发货处理

1.进入对应页面,点击"发货",进入发货页面(图 3-38)

图 3-38　点击"发货"

2.根据任务背景填写好相关的发货信息(在填写快递单号后要点"确认"),点击右下角的"确认发货"即完成订单发货处理(图 3-39)

对买家付款的订单发货处理

图 3-39

第二步 处理退货订单

1. 进入相应页面，点击"请卖家处理"（图 3-40）

图 3-40 点击"请卖家处理"

2.进入"处理退货订单"页面,点击"同意退货"(图 3-41)

图 3-41　处理退货申请

3.填写"退货地址",点击"同意退货"(图 3-42)

图 3-42　填写"退货地址",点击"同意退货"

4. 点击"已收到货，同意退款"（图3-43）

图3-43　同意退款

5. 退款完毕（图3-44）

图3-44　退款成功

任务复盘　　　　　　　扫一扫，实战任务笔记区

连线学长　　　　　　　扫一扫，感悟反思笔记区

模块三　网店基础操作

模块四　网店客户服务

一、岗位要求

◇ 能够根据业务发展需求，不断完善规范的话术库。
◇ 能按照客户服务原则，恰当处理客户需求。
◇ 能按照客户服务原则，合理处理客户提出的与物流相关的问题。
◇ 能够根据与客户的交谈情况，适时进行商品推荐，引导客户进行购买。
◇ 能够根据不同类型的客户，选择合适的沟通技巧，促使客户下单。
◇ 能够根据实际情况，对未支付订单进行恰当的催付，提高订单的付款率。
◇ 能够采用客户信息管理工具，对客户的信息进行有条理地收集、整理、分析。
◇ 能够根据对客户信息的分析，将客户分类，并为不同类型的客户提供差异化服务。能够分析客户流失的原因，采取短信问候、活动推送等措施挽回流失的客户。

二、实训内容

网店客服人员不但要被动的处理问题，还要主动地解决、引导买家按照自己的思路进行。处理问题是一部分，更为考察客服人员水平的是交易促成。通过本模块的实训，学会如何向客户推荐商品，促使客户下单以及对未支付订单进行催付，达到促成交易的目的。

客户问题处理是网店初级运营中很重要的一部分工作，除了将我们的店铺打造好之外，我们还要服务好每一位进店咨询的用户。通过本模块的实训，能够对买家各种各样的问题进行处理，提高客户的满意度，降低中差评的概率。

随着电商平台的增多，线上流量的获取变得越来越难，且成本越来越高。所以对于既有流量一定要非常珍惜，尽可能多的变为店铺的存量。通过本项目的实训中客户信息收集、整理、分析以及客户分类管理、挽回流失的客户等 3 个任务的实训，帮您达到维系客户存量的目的。

三、知识结构 （图 4-1）

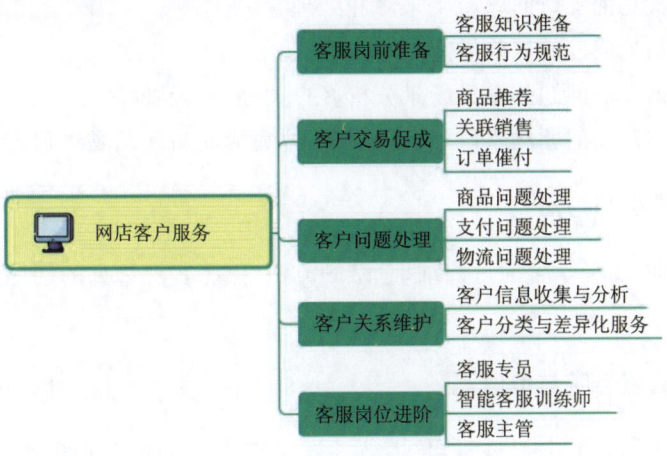

图 4-1　网店客户服务思维导图

【理论目标】

┌───┐
│ 岗位任务一　客服岗前准备　岗位任务二　客户交易促成 │
└───┘

 知识与技能

1. 了解客服常用的行为规范
2. 了解订单交易的流程
3. 熟悉订单催付的原则与方式
4. 掌握商品推荐的技巧

 过程与方法

通过实训，引导学生通过归纳、总结的方法，熟悉客户常见的问题，并能够进行处理。

 情感态度与价值观

通过理实结合的学习过程，培养学生的服务意识，面对问题积极处理的乐观态度。

┌─────────────────────────────────┐
│ 岗位任务三　客户问题处理 │
└─────────────────────────────────┘

 知识与技能

1. 了解售前商品问题类型

2. 熟悉售前问题的处理技巧
3. 了解售后问题类型
4. 掌握售后问题的处理技巧
5. 了解常见的支付问题产生来源和处理方法
6. 了解物流问题的风险界定
7. 能根据商品问题的常见场景分析客户关心的商品问题
8. 能根据商品问题场景设计合理话术,并完成商品问题场景训练

 过程与方法

通过实训,引导学生通过归纳、总结的方法,熟悉客户常见的问题,并能够进行处理。

 情感态度与价值观

通过理实结合的学习过程,培养学生的服务意识,面对问题积极处理的乐观态度。

岗位任务四　客户关系维护

 知识与技能

1. 熟悉客户信息收集与管理的方法
2. 掌握流失客户挽回的方法
3. 能通过商家店铺的内部数据库收集客户信息
4. 能通过客户信息分析对客户进行分类,并提供差异性的服务
5. 能根据客户流失的原因,采取有效措施挽回客户

 过程与方法

通过实训,引导学生通过归纳、总结的方法,熟悉客户关系管理的方法,并能够进行有效的管理。

 情感态度与价值观

通过理实结合的学习过程,培养学生的数据思维,体会用数据解决问题的快感。

四、知识解读

> 岗位任务一　客服岗前准备　岗位任务二　客户交易促成

 教学重点

买家是否购买，客服的推荐技巧非常重要。因此，本任务教学重点如下。

1. 客服行为规范（图 4-2）

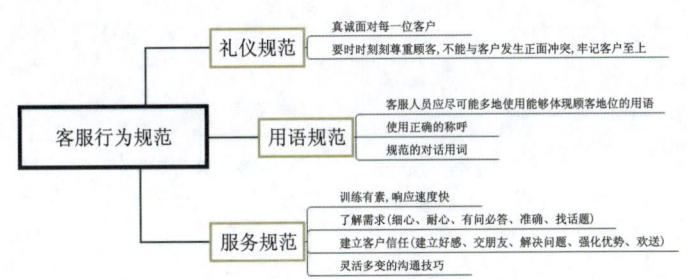

图 4-2　客服行为规范思维导图

2. 商品推荐原则（图 4-3）

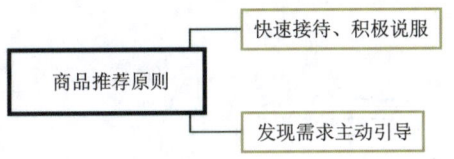

图 4-3　商品推荐原则思维导图

3. 商品推荐策略（图 4-4）

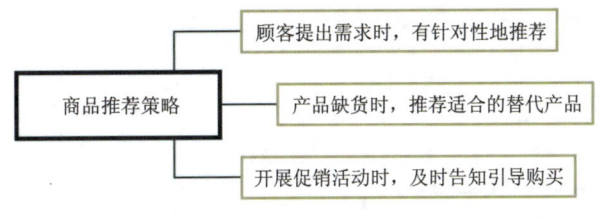

图 4-4　商品推荐策略思维导图

 教学难点

线上获客成本越来越大，所以如何提高客单价成为每个店铺的必修课，所以如何通过关联营销来提高客单价成为每个店铺的关注点。因为，本任务教学难点如下。

1. 关联销售原则(图 4-5)
2. 关联销售策略(图 4-6)

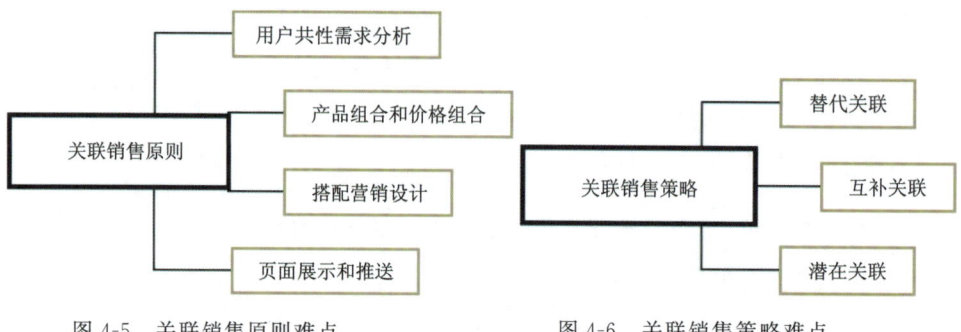

图 4-5　关联销售原则难点　　　　图 4-6　关联销售策略难点

岗位任务三　客户问题处理

 教学重点

商品问题处理影响到买家的购物体验及转化率,关系到店铺的评分。因此,本任务教学重点如下。

1. 售后商品问题处理(图 4-7)

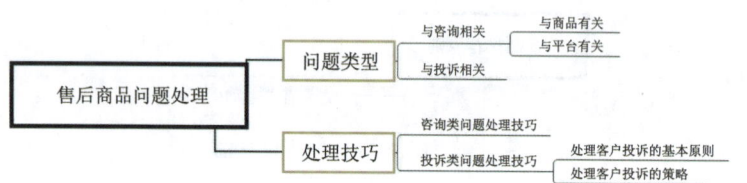

图 4-7　售后商品问题处理重点

2. 售前商品问题处理(图 4-8)

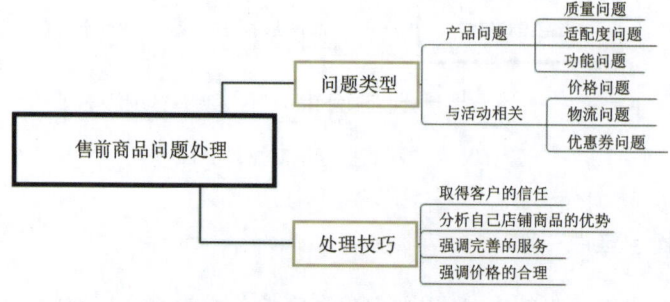

图 4-8　售前商品问题处理重点

教学难点

跨境电商因为涉及到的是不同国家之间的交易,在这个过程中会牵扯到通关问题,运输路途远,且各国物流政策不同,形式较为复杂。因此,本任务教学难点如下:跨境平台物流问题处理(图4-9)。

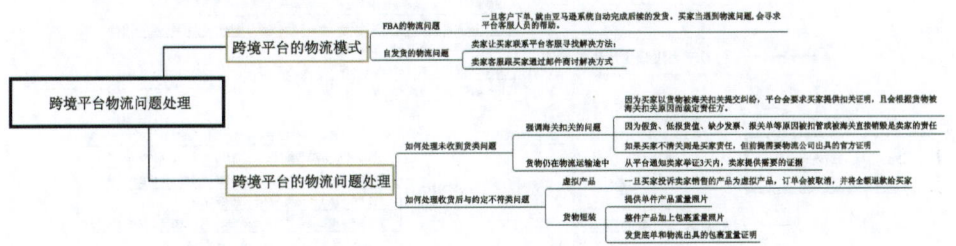

图4-9 跨境平台物流问题处理难点

岗位任务四 客户关系维护

 教学重点

网店的客户如何找到一个合理的标准对其进行分类,然后根据不同类别的客户,通过不同的方法进行维护是客户关系维护的重点。因此,本任务教学重点如下。

1.客户信息收集与分析(图4-10)

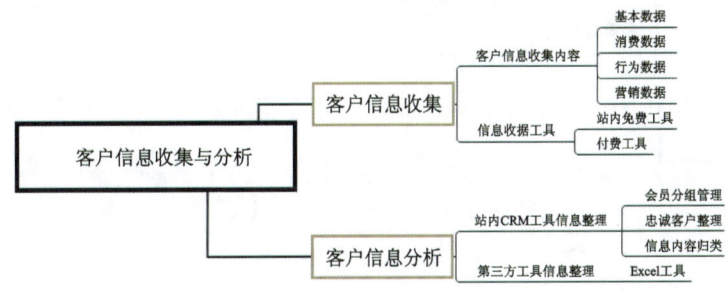

图4-10 客户信息收集与分析重点

2.客户分类管理(图4-11)

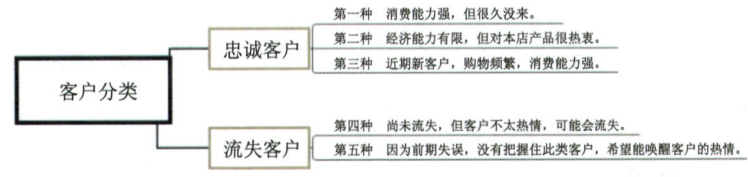

图4-11 客户分类重点

教学难点

网店的复购率相对来说是较低的,而对于已经流失的客户想要挽回就更为困难。因此,本任务教学难点如下。

1. 挽回流失的客户(图 4-12)

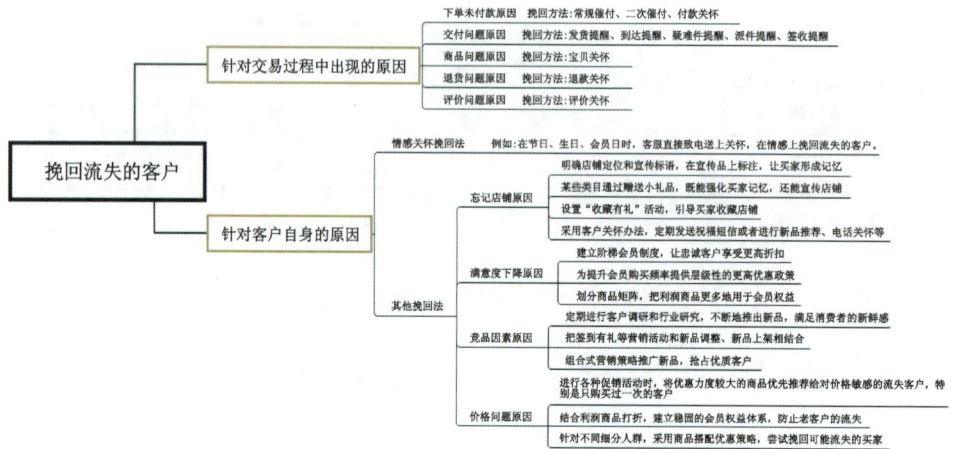

图 4-12　挽回流失的客户难点

2. 差异化服务(图 4-13)

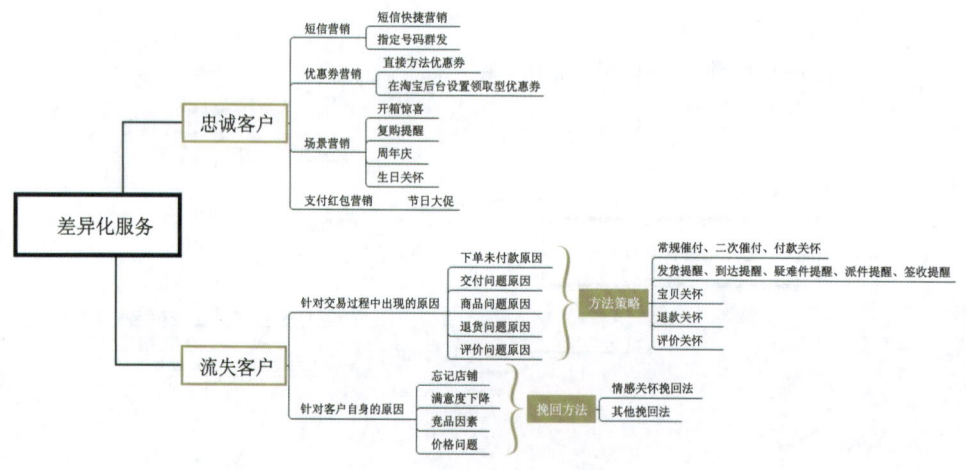

图 4-13　差异化服务难点

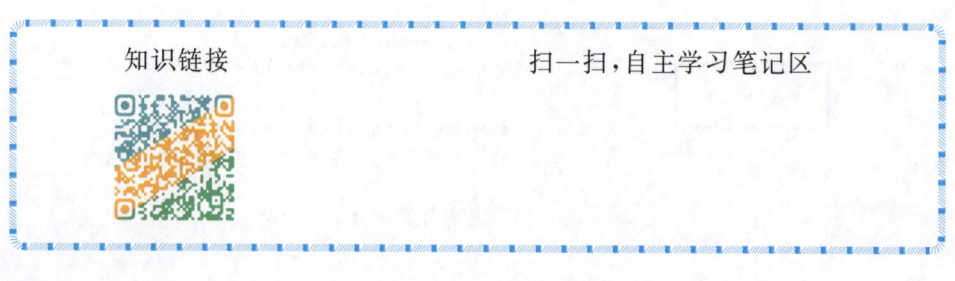

知识链接　　　　　　　　扫一扫,自主学习笔记区

五、例题精解

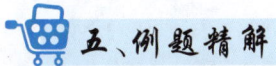

模块 4.1

(一)单选题

(1)作为一个训练有素的网店客服人员,要做到响应速度快,客户首次到访的客户响应时间不能超过( ),回答客户问题如回答太长需分次回答。

A. 5 秒

B. 15 秒

C. 1 分钟

D. 5 分钟

解析:客户首次到访的客户响应时间不能超过 15 秒。客服的文字录入速度至少要达到 50 字/分钟且不能有错别字。每次回答顾客问题,顾客等待时间不应超过 30 秒。

正确答案:D

(二)多选题

(1)网店客服作为全店唯一能和顾客直接接触的岗位,应该具备的知识有( )。

A. 交易规则

B. 商品知识

C. 物流知识

D. 话术知识

解析:网店客服利用网络为客户提供解答和售后等服务,是一个巨大的流量入口,是消费者和网店建立联系的窗口。网店客服首先需要了解和熟知平台交易的规则与流程,并了解物流知识,此外,客服也要建立适用于不同场景应用的话术库。

正确答案:ABCD

(2)客服在与买家的沟通过程中,不同情景都有相应的话术规范格式,其中纠纷处理话术的基本格式中包括( )。

A. 问候

B. 致歉

C. 解决方案

D. 品牌宣导

解析:纠纷处理包含退换货、处理差评、投诉等售后纠纷。话术设计必须采取"先致谢,后道歉"的原则,尽力安抚顾客的怒火,耐心地做出解释。纠纷处理话术基本格式为:"问候"+"致谢"+"致歉"+"解决方案"。

正确答案:ABC

模块 4.2

(一) 单选题

(1) 下列不属于订单催付主观原因的是(　　)。

A. 对商品存在疑虑

B. 忘记密码

C. 对店铺服务有意见

D. 对价格有异议

解析：订单催付的主观原因。客户对商品存在疑虑、对价格有异议、对店铺服务有意见等主观原因，客服可以态度亲切、得体地根据顾客的反馈，告知店铺优势和服务保障的优势，强调商品的性价比符合顾客的预期，情感上做到与客户的共鸣，从而顺利地完成订单催付。

正确答案：B

(2) 下列不属于订单催付客观原因的是(　　)。

A. 新手首次购物

B. 对价格有异议

C. 忘记密码

D. 支付宝余额不足

解析：订单催付的客观原因。如果客户是新手，由于首次购物、支付宝余额不足、忘记密码等操作方面的客观原因，客服可以主动热情地提供解决方案，利用截图来指导客户顺利完成支付。

正确答案：B

(3) 在进行关联销售时，产品组合选择遵循的原则不包括(　　)。

A. 产品选择基于用户的需求之上

B. 尽力选择高定价策略的产品

C. 关联营销的效果和店铺产品结构密切相关

D. 尽力挑选促销产品进行组合

解析：进行关联销售时，一般产品的选择原则是：首先，产品选择要基于用户的需求之上；其次，应尽力选择高定价策略的产品，因为这样才能让消费者感受到搭配销售的实惠；再次还能保证网店的利润；最后，关联营销的效果要和店铺产品结构密切相关。

正确答案：D

(二) 多选题

(1) 提高付款转换率最有效的方法就是催付，客服人员在进行订单催付要遵循以下(　　)原则。

A. 有已付款订单的客户不要催

B. 不要强行催付，不要用生硬的语言催付

C. 注意频率,不要重复催付

D. 一个客户在店铺同时拍下了两个宝贝,其中一个已经付款,另外一个没付款,需要及时催付

解析:订单催付要遵循以下的原则:①有已付款订单的客户不要催,比如一个客户在店铺同时拍下了两个宝贝,其中一个已经付款,另外一个没付款,这样的用户就无须催付;②不要强行催付,不要用生硬的语言催付;③注意频率,不要重复催付,对于已经催付过的用户,不要再发催付消息。

正确答案:ABC

模块 4.3

(一)单选题

(1)售后商品咨询问题类型一般分为与商品有关问题和( )。

A. 与物流有关问题

B. 与平台有关问题

C. 与支付有关问题

D. 与卖家有关问题

解析:售后商品咨询问题类型一般分为与商品有关问题(如商品的使用方法、商品的保修期等)和与平台有关(如退货、退款、换货、补差价等)。

正确答案:B

(2)下列问题由卖家因素导致的问题是( )。

A. 商品破损

B. 物流信息显示签收但买家未收

C. 发错货问题

D. 以上都是

解析:卖家因素导致的问题一般有:①发错货,包括错发、漏发、多发等;②破包问题,这个涉及到卖家发货和物流运输的过程取证;③质量问题,无法正常使用、褪色、变质等。

正确答案:C

(二)多选题

(1)处理客户投诉时采取的策略包括( )。

A. 先答应客户的请求,再做处理

B. 及时道歉,安抚客户情绪

C. 认真耐心地听取投诉并记录细节

D. 积极回应,及时做出解释

解析:处理客户投诉的策略。在致歉时,客服不必过分纠结谁对谁错,因为安抚了客户的情绪,使对话氛围轻松、融洽,才更有利于有效沟通与协调。在与客户交流过程中,客服人员必须认真、耐心听取投诉细节,并对细节进行记录;时刻保持

心平气和的沟通素养,理清头绪,正确分析出现问题的原因。一定要积极地回应客户的投诉,适当地做出解释,消除不满。

正确答案:BCD

(2)售前商品问题处理是客服必备的技能,下列属于售前问题处理技巧的是( )。

A. 取得客户的信任
B. 分析自己店铺商品的优势
C. 强调完善的服务
D. 强调价格的合理

解析:客服应该在促销活动开始前,熟练掌握售前的技巧。第一,取得客户信任,行为坦诚、语言真诚、敢于负责。第二,分析自己店铺商品的优势,与竞品做认真的比较,突出自己商品的优势。第三,强调完善的服务,告诉客户自己商品的定价包含了更完善的服务,值得拥有。第四,强调价格的合理,从多个方面实证自己产品的优点,说明"一分钱一分货"。

正确答案:ABCD

模块 4.4

(一)单选题

(1)RFM 模型是衡量客户价值和客户创利能力的重要工具和手段,该模型通过 3 项指标来描述客户的价值状况,以下不属于 RFM 指标内容的是( )。

A. 最近一次消费
B. 消费次数
C. 消费金额
D. 消费频率

解析:RFM 模型是衡量客户价值和客户创利能力的重要工具和手段,该模型通过最近一次消费、消费频率、消费金额 3 项指标来描述客户的价值状况。最近一次消费指顾客最近一次购买的时间有多远。消费频率指顾客在限定的时间内购买商品的次数。消费金额指顾客在最近一段时间内购买商品所花费的金额。

正确答案:B

(2)客户流失的原因分为交易过程与客户自身两种,下列客户流失的原因中属于自身流失的是( )。

A. 下单没付款
B. 客户可选择的太多
C. 交付问题
D. 评价问题

解析:客户流失的原因中属于客户自身的有多种。因为需求转移或消费习惯改变;忘记店铺,没有收藏;客户购买的满意度下降;客户可选择的太多;价格因素等。

正确答案：B

(二) 多选题

(1) 客户分为忠诚客户和流失客户，以下选项中属于忠诚客户的是（   ）。

A. 近期新客户，购物频繁，消费能力强

B. 消费能力强，但很久没来过

C. 经济能力有限，但对本店产品很热衷

D. 尚未流失，但店铺不太热情

解析：忠诚客户一般有三种。第一种，消费能力强，但很久没来，对这种顾客要抓紧维护。第二种，经济能力有限，但对本店产品很热衷。第三种，近期新客户，购物频繁，消费能力强，必须做好长期客情维护的准备。

正确答案：ABC

(2) 在主要交易过程中，结合 CRM 的"宝贝关怀"功能，及时提醒并引导客户完成交易环节，从而减少客户的流失。宝贝关怀主要包括：（   ）、评价关怀、手动订单提醒等功能。

A. 下单关怀、催付提醒

B. 二次催付、物流提醒

C. 宝贝关怀、付款关怀

D. 回款提醒、退款关怀

解析：在主要交易过程中，结合 CRM 的"宝贝关怀"功能，及时提醒并引导客户完成交易环节，从而减少客户的流失。当客户下单付款后，对其发短信提醒，告知发货时间、选用的快递等。宝贝关怀主要包括：下单关怀、常规催付、二次催付、付款关怀、发货提醒、到达同城提醒、派件提醒、签收提醒、回款提醒和评价关怀等。

正确答案：ABCD

模块 4.5

(一) 单选题

(1) 在客服主管的职责中，操作规则与技巧培训、大促前的集中培训、任务安排和活动实施规划等内容属于（   ）。

A. 日常技能培训

B. 新员工培训

C. 商品培训

D. 规则培训

解析：客服主管的工作任务中，日常技能培训主要包括操作规则与技巧规则、大促前的集中培训、任务安排和活动实施规划等内容。当客服团队完成培训后，将通过技能考核记录表、产品考核记录表、施行效果监督表对客服团队的培训结果进行评估。

正确答案：A

(2)智能客服训练师是通过数据分析等方法,不断提升智能客服产品在业务应用过程中的问题解决能力。以下不属于智能客服训练师提高智能客服产品方法的是(　　)。

A. 业务分析

B. 知识挖掘

C. 纠纷处理

D. 训练测评

解析：智能客服训练师是通过业务梳理、数据分析、知识挖掘、训练评测等方法,不断提升智能客服产品在业务应用过程中的问题解决能力。

正确答案：C

(二)多选题

(1)电子商务客户服务岗一般分为客服专员、智能客服训练师、客服主管三个阶段,其中客服专员的主要任务是(　　)。

A. 及时回复客户消息

B. 进行用户运营与店铺推广

C. 有效提高客户满意度

D. 积极处理客户问题

解析：客服专员的工作在不同的企业分成不同的岗位。一般按照订单支付完成与否,分为售前客服、售中客服、售后客服。客服专员的主要工作任务是及时回复客户信息、积极处理客户问题,有效提高客户满意度。

正确答案：ABCD

 六、同步练习

同步测试

(一)单选题

(1)"亲爱的会员王敏女士,祝您生日快乐,幸福安康！感谢有你,一路同行,常回店看看。"以上话术属于哪种关怀方式？(　　)

A. 宝贝关怀

B. 售后关怀

C. 情感关怀

D. 节日关怀

(2)在进行关联销售时,产品组合选择遵循的原则不包括(　　)。

A. 产品选择基于用户的需求之上

B. 尽力选择高定价策略的产品

C. 关联营销的效果和店铺产品结构密切相关

D. 尽力挑选促销产品进行组合

(3)(　　)重点是强调潜在互补关系,这种搭配方式一般不推荐,但是针对多类目店铺时,可以考虑。

A. 搭配关联

B. 替代关联

C. 互补关联

D. 潜在关联

(4)RFM模型是衡量客户价值和客户创利能力的重要工具和手段,该模型通过3项指标来描述客户的价值状况,以下不属于RFM指标内容的是(　　)。

A. 最近一次消费

B. 消费次数

C. 消费金额

D. 消费频率

(5)催付时间是次日10:00后对应的下单时间是(　　)。

A. 上午单

B. 下午单

C. 傍晚单

D. 半夜单

(6)店铺或品牌运营人员通过后台数据分析,可以实时监控到未付款订单,运营人员可以与客服主管沟通,安排客服人员及时处理,以下不属于订单催付的原则的是(　　)。

A. 有已付款客户的订单不要催

B. 不要强行催付

C. 注意频率,不要重复催付

D. 要给客户承诺

(7)对物流问题的风险界定,货物在收货人或者得到收货人授权的签收人、签收地签收之前,货物风险由(　　)承担。

A. 送货人

B. 卖家

C. 平台

D. 买家

(8)关联商品推荐的关键在于产品之间的(　　),基于店铺的运营方案,客服在给顾客推荐的产品一定要和客户之前咨询的产品有关联之处。

A. 属性

B. 个性

C. 共性

D. 特性

(9)客服的文字录入速度至少要达到(　　)字/分钟且不能有错别字。

A. 50

B. 60

C. 70

D. 80

(10)客服主管可根据企业品牌客服团队的数量和日常服务质量对客服进行激励机制设计,下列激励属于物质激励的是(　　)。

A. 最佳新人奖

B. 优秀员工

C. 金牌客服

D. 季度奖金

(11)客户信息收集中,会员等级是属于(　　)数据。

A. 基本

B. 消费

C. 行为

D. 营销

(12)售后商品咨询问题类型一般分为与商品有关问题和(　　)。

A. 与物流有关问题

B. 与平台有关问题

C. 与支付有关问题

D. 与卖家有关问题

(13)为提高网店客服的效率,建立店铺的品牌,客服需(　　),建立(　　),并可在客服培训或运用智能客服的时候,设置(　　)。

A. 归类同类问题、每个店铺的话术库、离开时回复

B. 归类同类问题、每个店铺的话术库、自动回复及快捷回复

C. 归类同类问题、回复规则、自动回复及快捷回复

D. 收集问题、每个店铺的话术库、自动回复及快捷回复

(14)下列属于订单催付工具的是(　　)。

A. 客服工具

B. 短信

C. 电话

D. 以上都是

(15)下列属于客服主管职责的是(　　)。

A. 知识技能培训

B. 更新话术

C. 建立话术库

D. 训练智能产品

(16)下面不属于顾客因为对产品不满而进行投诉的情况的是(　　)。

A. 对商品质量不满

B. 对商品描述不符导致与顾客期望值不符产生的不满

C. 商品使用效果与描述不符产生的不满

D. 对产品的售后服务不满

(17)小美开了一家淘宝店铺,生意越来越红火,她一个人忙不过来,听说可以使用客服机器人承担一部分工作,下列不适合交给客服机器人来回答的问题是(　　)。

A. 店铺的经营情况

B. 产品的尺码颜色

C. 店铺的发货时间

D. 店铺的发货物流

(18)在网店交易的各个环节中,由于(　　)受多方面因素的影响,是卖家无法控制的,所以产生的纠纷很多,也是客户投诉最多的环节。

A. 商品问题

B. 支付问题

C. 物流问题

D. 网店员工问题

(二)多选题

(1)按照客服售前、售中、售后的主要问题,话术可分为(　　)和(　　)两种不同情景。

A. 自报家门

B. 咨询下单

C. 纠纷处理

D. 品牌宣导

(2)处理客户投诉时采取的策略包括(　　)。

A. 先答应客户的请求,再做处理

B. 及时道歉,安抚客户情绪

C. 认真耐心的听取投诉并记录细节

D. 积极回应,及时做出解释

(3)电子商务客户服务岗一般分为客服专员、智能客服训练师、客服主管三个阶段,其中客服专员的主要任务是(　　)。

A. 及时回复客户消息

B. 进行用户运营与店铺推广

C. 有效提高客户满意度

D. 积极处理客户问题

(4)合理的催付可以有效提高客户体验,更可以挽回订单,下列订单催付属于主观原因的是(　　)。

　　A. 对商品存在疑虑

　　B. 忘记密码

　　C. 对店铺服务有意见

　　D. 对价格有异议

(5)接待咨询的注意事项包括(　　)。

　　A. 服回复及时会给客户留下好印象,客户呼入的前6秒我们称之为"黄金6秒",只有迅速地回复客户的咨询,才能及时地留住客户,获得下一步向客户推荐产品的机会。

　　B. 让客户在店铺里留得更久的方法不是拼命向客户推荐商品,而是能先和他们交朋友,试着去接近他们的内心,才能让客户放下戒备产生信任。

　　C. 在体现我们专业服务形象的同时,千万记得还要注意网络交易安全,不要随意接收客户发来的文件和图片,更不要打开没有安全标识的网络链接。

　　D. 如果能在文字沟通中,适当地加入有趣的旺旺表情,代替我们的表情展现在客户面前,可以为我们的亲和力加分,离成功更进一步。

(6)客服工具、短信、电话都可以作为催付手段,一般以客服工具发送即时催付消息为主,优点是免费、不限字数、可使用表情等,那缺点是(　　)。

　　A. 客户静默下单,可能不看消息

　　B. 骚扰性强

　　C. 消息太多可能有遗漏

　　D. 沟通效果差

(7)客服需要了解不同的物流知识,不同的物流运作方式有邮寄、快递、货运,其中货运分为(　　)。

　　A. 航空运输

　　B. 整车运输

　　C. 零担运输

　　D. 水运运输

(8)平台站内的客户信息整理包括CRM工具信息整理和第三方工具信息整理,其中站内CRM工具信息整理工作主要包括(　　)。

　　A. 会员分组管理

　　B. 忠诚客户整理

　　C. 信息内容归类

　　D. 客户性别整理

(9)售后处理是客服每天最繁忙的工作内容,也是客服的主要工作之一。处理客户投诉时采取的策略包括(　　)。

　　A. 进行客户分类处理

　　B. 及时道歉,安抚客户情绪

C. 认真耐心地听取投诉并记录细节

D. 积极回应,及时做出解释

(10)售前客服在接待的过程中经常遇到向消费者发了链接后没有任何回复的现象,下列行为中属于主动服务的是( )。

A. 主动询问消费者对商品有什么疑问并帮忙答疑

B. 详细说明一下产品附加值,给消费者参考

C. 不用管买家是否回复,自己的流程完成就可以

D. 一个小时不回复的话就可以直接关闭聊天界面

(11)网店客服能够利用网络为客户提供解答和售后等服务,因此网店客服首先需要了解和熟知平台交易的流程与规则,并遵守行业规范。下面哪项属于网店客服掌握的平台规则( )。

A. 平台的交易规则

B. 店铺活动规则

C. 店铺运营规则

D. 店铺的产品规则

(12)网店客服作为全店唯一能和顾客直接接触的岗位,应该具备的知识有( )。

A. 交易规则

B. 商品知识

C. 物流知识

D. 话术知识

(13)下列不属于售后关怀话术的是( )。

A. 亲,你的快递已到达～在使用的过程中有任何问题可以随时联系我们哦,祝您生活愉快。

B. 亲爱的会员*先生/女士,祝您生日快乐,幸福安康!感谢有你,一路同行,常回店看看。

C. 亲爱的会员*先生/女士,预祝中秋节快乐,人月团圆!现送上200减50优惠券,7天有效,前500名还有赠品哦,先到先得。HTTP://T.CN/＊＊＊

D. 亲爱的会员*先生/女士,现在我们店铺有活动,请进店选择合适的产品。

(14)客户分为忠诚客户和流失客户,以下选项中属于流失客户的是( )。

A. 因为前期失误,没有把握住此类客户,希望能唤醒客户的热情

B. 尚未流失,但客户不太热情

C. 消费能力强,但很久没来过

D. 经济能力有限,但对本店产品很热衷

(15)在处理投诉的过程中,始终以维护店铺(品牌)的形象、挽救客户的满意度为前提,要有换位思考的意识,服务过程中坚持( )的原则进行。

A. 及时安抚

B. 语言得当

C. 避免升级

D. 合理调解

(16) 在进行关联销售时,产品组合选择遵循的原则包括(　　)。

A. 产品选择基于用户的需求之上

B. 尽力选择高定价策略的产品

C. 关联营销的效果和店铺产品结构密切相关

D. 尽力挑选促销产品进行组合

(17) 在处理客户投诉的过程中,要始终以(　　)为前提,要有换位思考的意识,服务过程中要坚持"及时安抚、语言得当、避免升级、合理调解"的原则。

A. 维护店铺利益

B. 挽救客户的满意度

C. 维护店铺形象

D. 促成交易

(18) 客户流失的原因有很多,当客户满意度下降时,客服的挽回方法包括(　　)。

A. 建立阶梯会员制度,让忠诚客户享受更高折扣

B. 为提升会员购买频率提供层级性的更高优惠政策

C. 划分商品矩阵,把利润商品更多地用于会员权益

D. 将签到有礼等营销活动和新品调整、新品上架相结合

(三) 判断题

(1) RFM 模型是衡量客户价值和客户创利能力的重要工具和手段。

A. 对

B. 错

(2) 包裹在快递运输途中破损是常见情况,当买家反映包裹破损时,应立即安抚好买家,协商退款或补发事宜。

A. 对

B. 错

(3) 当交易出现纠纷时,为维护店铺的品牌形象,避免承担不合理的责任,一定要和客户把投诉的问题讲明白,让客户明白谁对谁错。

A. 对

B. 错

(4) 关联营销是一种建立在双方互利互益的基础上的营销,在替代关联的基础上,在事物、产品、品牌等所要营销的东西上寻找关联性,实现深层次的多面引导。

A. 对

B. 错

(5) 客服观察客户是为了更好地做销售,所以一定要促成交易。

A. 对

B. 错

(6)任何能提高客户满意度的内容都属于客户服务。

A. 对

B. 错

(7)消费者咨询一款面膜,客服科科直接为他推荐店铺最热卖的产品,她认为热销产品更容易成交,可以提高自己的咨询转化率。

A. 对

B. 错

(8)亚马逊平台可供买家选择的物流模式有FBA和自发货两种,若买家选择自发货物流模式,当物流遇到问题时,会通过电话联系卖家客服。

A. 对

B. 错

(9)一旦买家投诉卖家销售的产品为虚拟产品,订单将被取消,并将全额50%退款给买家。

A. 对

B. 错

(10)在处理客户投诉的过程中,要始终以促成交易为前提,要有换位思考的意识,服务过程中要坚持"及时安抚、语言得当、避免升级、合理调解"的原则。

A. 对

B. 错

(11)在商品问题处理中,行为坦诚、语言真诚,并且表现得敢于负责的时候,往往很容易取得客户的信任,让客户相信客服所说的话。

A. 对

B. 错

(12)在网店交易的各个环节中,由于支付问题受多方面因素的影响,是卖家无法控制的,所以产生的纠纷很多,也是客户投诉最多的环节。

A. 对

B. 错

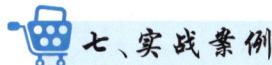

七、实战案例

岗位任务一　聊天互动

任务目标

1. 能根据常见聊天互动场景,从买家角度挖掘聊天互动相关问题
2. 能针对聊天互动问题设置聊天互动话术,并完成聊天互动场景训练

任务背景

李然在网店运营过程中发现店铺近期客户流失率很高。通过调查分析发现,部分买家虽然与客服进行了高频率的沟通,但是并未成交。原因是客服在聊天互动的过程中,没有按照客户行为规范进行迎接问好、礼貌告别。

通过分析发现,客服在买家进店后的沟通过程中没有使用礼貌用语,态度生硬,回复响应时间长达一分钟。另外,当买家通过不同的表情表达自己的情绪时,客服人员不能准确判断买家情绪。在礼貌告别环节,没有针对不同类型的客户依礼道别。因此,李然决定从迎接问好、买家表情、礼貌告别三个方面优化聊天互动场景回复话术,提高服务质量,减少客户流失。

任务流程(图 4-14)

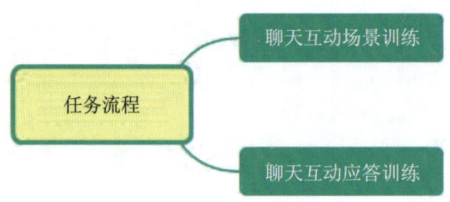

图 4-14 聊天互动任务流程

任务实施

第一步 聊天互动场景训练

1. 买家主动简单问好(应答内容不唯一,图 4-15 仅供参考,其他互动场景同理)

图 4-15 买家主动简单问好回答训练

2. 买家因钱包价格太贵放弃购买（图4-16）

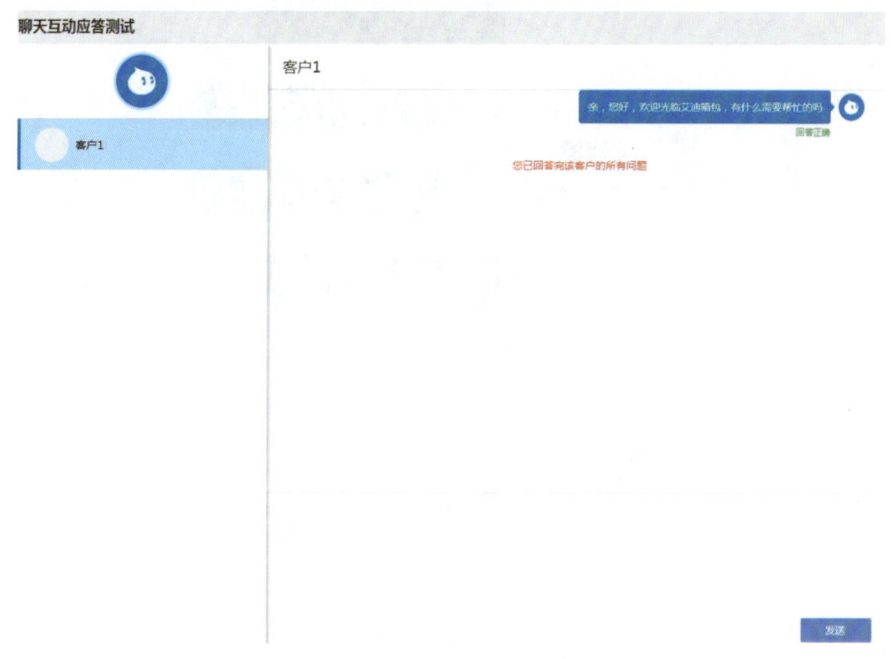

钱包太贵了，下次再买。
亲，很抱歉哦，您可以先关注我们的店铺"艾迪箱包"，等商品参与活动或者有优惠了，我们会第一时间通知您的哦。

钱包的价格太贵了，我不买了
抱歉呢亲，我们的小店因为是新开的，所以我们的宝贝都已经是最低价的呢，我们店铺的活动有很多哦！您可以关注本店铺"艾迪箱包"！再次感谢您的光临！

钱包太贵了，不想买了
亲，您好。您可以关注"艾迪箱包"领取优惠券购买。

图4-16　买家因钱包价格太贵放弃购买回答训练

第二步　聊天互动应答训练（图4-17）

图4-17　跟客户的互动应答

岗位任务二 客户问题处理

任务目标

1. 能根据商品问题的常见场景分析客户关心的商品问题
2. 能根据商品问题场景设计合理话术,并完成商品问题场景训练
3. 能根据淘宝争议处理规范中的签收规定界定物流风险责任
4. 能根据物流问题场景进行话术设置,并完成物流问题场景训练

任务背景

李然通过淘宝后台生意参谋分析发现一款女士手提包的访问量、询单量都很多,可询单转化率却不高。经分析,客服数据显示响应时间和回复率都达到了行业标准,客服态度也不是问题,进一步与客服交流和查看客服的聊天记录发现,买家强调在别的店铺看到类似的产品,价格稍低,而客服没有很好地阐述自家商品的优势,也就没有取得客户的信任。基于这种情况,李然决定就商品的售前问题、售后问题场景进行话术设置,提高询单转化率,降低纠纷率。

艾迪公司使用申通和圆通发送快递,时常碰到天气、爆仓等原因导致当地停运商品、无法正常派送订单等现象,导致客服会收到大量的客户不满相关问题。为降低客户因物流问题对公司的投诉和差评,李然决定梳理物流问题场景,进行话术设置,以降低因物流产生的纠纷率。

任务流程(图4-18)

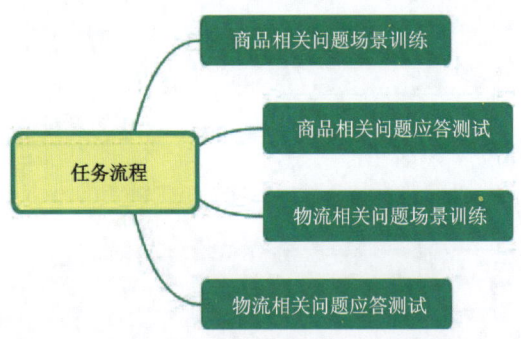

图4-18 客户问题处理任务流程

任务实施

第一步 商品相关问题场景训练

1.买家咨询双肩包容纳电脑尺寸问题(应答内容并不唯一,图4-19仅供参考,其他 互动场景同理)

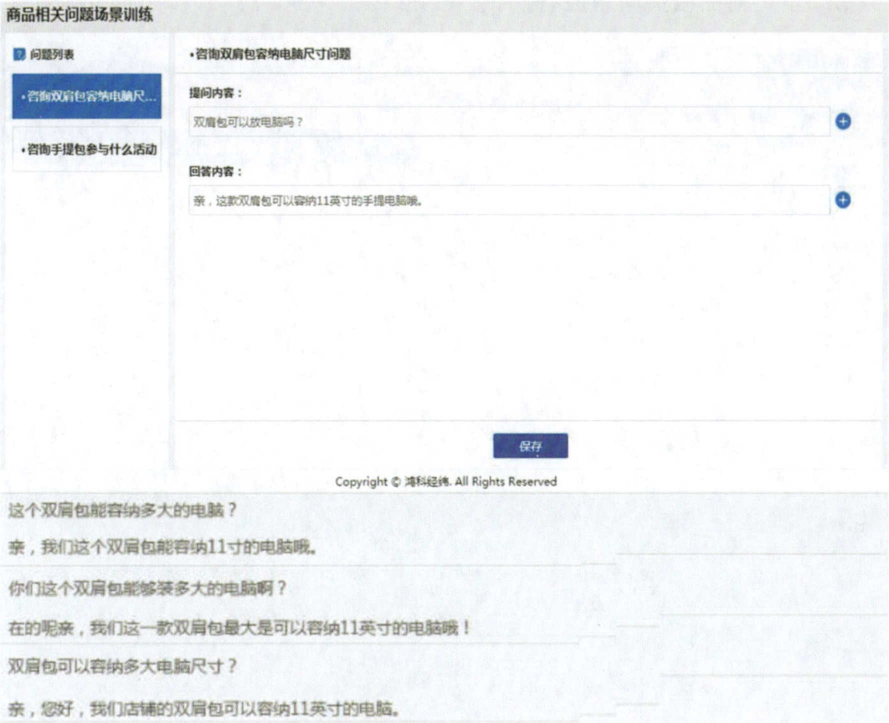

这个双肩包能容纳多大的电脑？

亲，我们这双肩包能容纳11寸的电脑哦。

你们这个双肩包能够装多大的电脑啊？

在的呢亲，我们这一款双肩包最大是可以容纳11英寸的电脑哦！

双肩包可以容纳多大电脑尺寸？

亲，您好，我们店铺的双肩包可以容纳11英寸的电脑。

图 4-19　咨询双肩包容纳电脑尺寸问题回答

2. 咨询手提包参与什么活动（图 4-20）

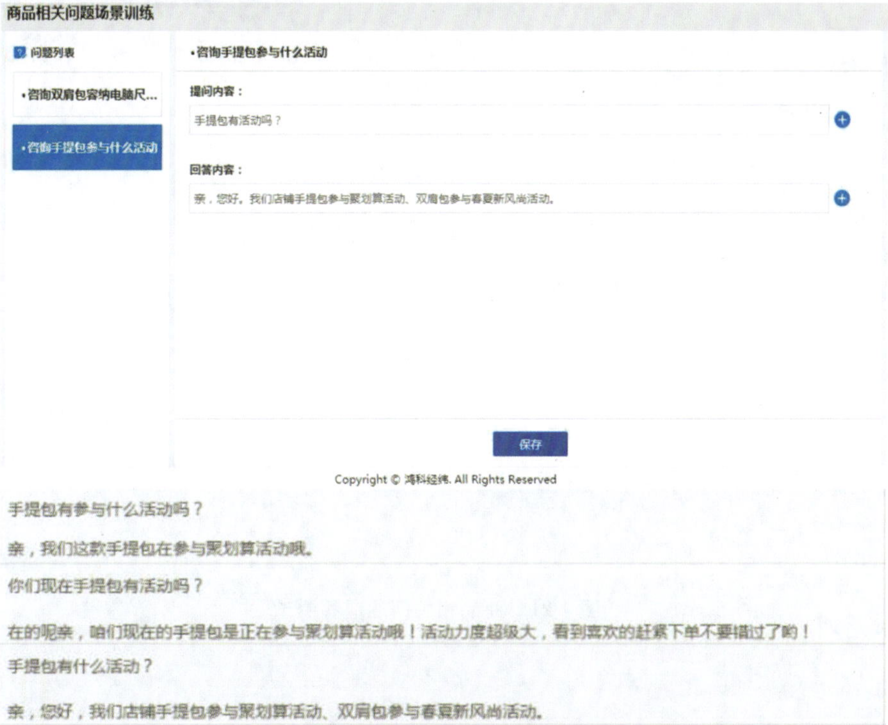

手提包有参与什么活动吗？

亲，我们这款手提包在参与聚划算活动哦。

你们现在手提包有活动吗？

在的呢亲，咱们现在的手提包是正在参与聚划算活动哦！活动力度超级大，看到喜欢的赶紧下单不要错过了哟！

手提包有什么活动？

亲，您好，我们店铺手提包参与聚划算活动、双肩包参与春夏新风尚活动。

图 4-20　咨询手提包参与什么活动回答

第二步 商品相关问题应答测试（图 4-21）

图 4-21 商品相关问题应答测试

第三步 物流相关问题场景训练

1. 咨询店铺默认发货快递（图4-22）

图4-22 咨询店铺默认发货快递回答

2. 咨询拉杆箱在运输过程中是否会受损（从商品包装角度回答，图4-23）

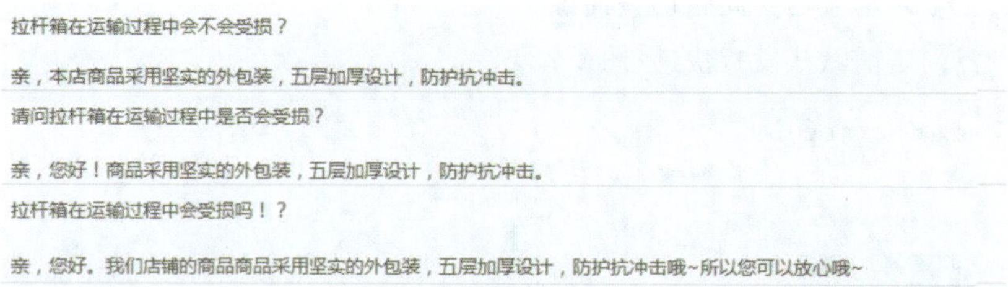

拉杆箱在运输过程中会不会受损？

亲，本店商品采用坚实的外包装，五层加厚设计，防护抗冲击。

请问拉杆箱在运输过程中是否会受损？

亲，您好！商品采用坚实的外包装，五层加厚设计，防护抗冲击。

拉杆箱在运输过程中会受损吗！？

亲，您好。我们店铺的商品商品采用坚实的外包装，五层加厚设计，防护抗冲击哦~所以您可以放心哦~

图 4-23　咨询拉杆箱在运输过程中是否会受损回答

第四步　物流相关问题应答测试（图 4-24）

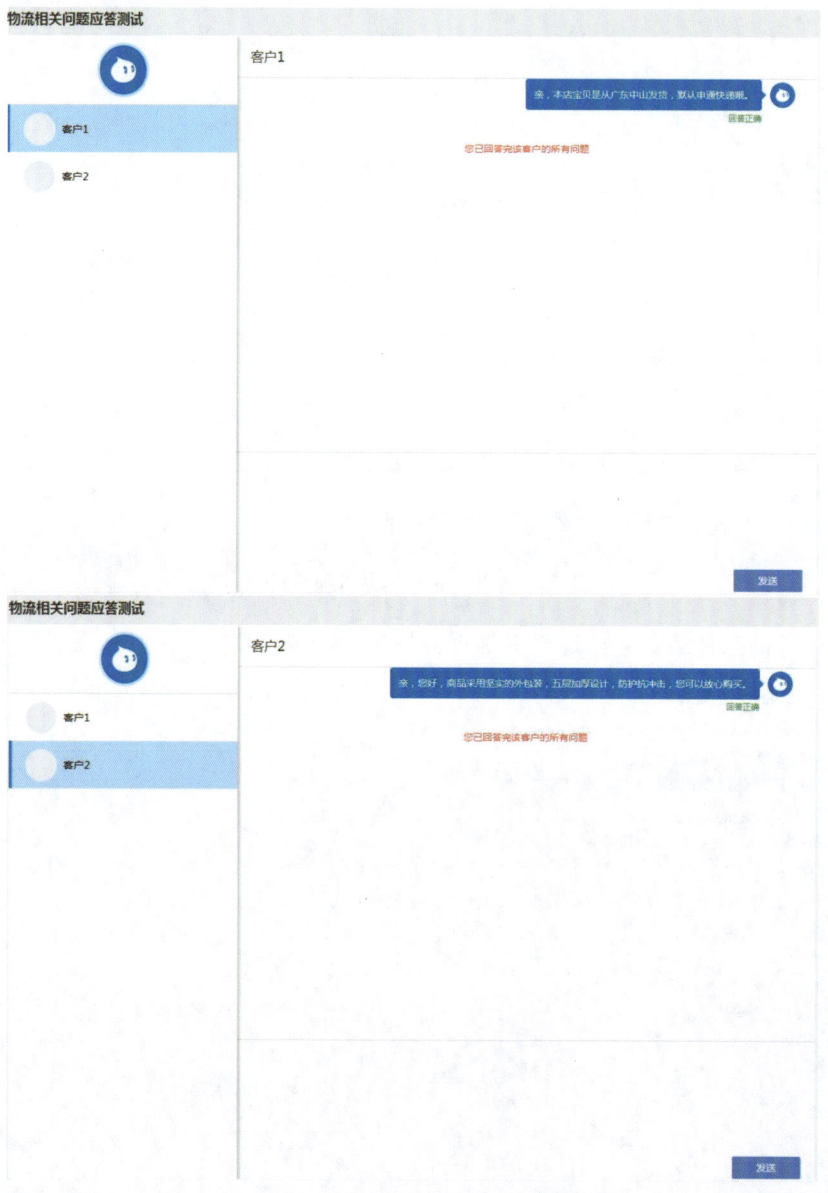

图 4-24　物流相关问题应答测试

岗位任务三　交易促成

任务目标

1. 能根据常见的商品推荐场景，从买家角度挖掘商品推荐相关问题
2. 能针对商品推荐问题设置商品推荐话术，并完成商品推荐场景训练
3. 能根据常见关联营销场景，从买家角度挖掘关联营销相关问题
4. 能针对关联营销问题设置关联营销话术，并完成关联营销场景训练
5. 能根据常见的催付场景，从买家角度，拓展催付相关问题
6. 能针对催付问题设置催付话术，并完成订单催付场景训练

任务背景

1. 关联营销场景训练背景

李然通过淘宝后台利用生意参谋对店铺的运营数据进行分析，发现近一个月的人均成交件数为1.1～1.3件，客单价为70～100元，相较于同级别、同类目的其他店铺客单价略低。近1个月的人均成交件数为1件左右，说明关联营销做的不好。通过与同行业的比较，店铺页面的关联营销设置没有任何问题。问题在于店铺客服没有关联营销意识，沟通过程中不能激发用户的进一步需求。

于是，李然决定从替代关联、互补关联、潜在关联三个方面入手，丰富、优化关联营销话术库，帮助客服提升关联营销技能，提高店铺的客单价。

2. 商品推荐场景训练背景

李然通过淘宝后台生意参谋分析发现，店里一款正在参加聚划算活动的手提包的浏览、转化数据较之前没有太多的提高。除此之外，与这款手提包用户群体相似的爆款商品（双肩包）由于部分颜色缺货，虽然浏览量有所提高，但存在转化不足问题。通过与售前客服交流以及浏览她们的部分聊天记录，李然发现客服一方面没有主动向老客户进行活动推荐，另一方面在与买家的沟通过程中存在推荐不当的问题，这直接影响到了手提包的销量。于是，李然根据以上存在的问题，决定从活动推荐、需求推荐、替代商品推荐三个方面进行话术的设置，提高商品的推荐转化率。

3. 订单催付场景训练任务背景

李然通过淘宝后台订单管理页面发现有部分订单处于已拍下未付款状态，于是找到对应的客服工作人员了解具体情况。客服工作人员对此的反馈是：每天面对大量的买家咨询，没有时间对这类用户进行催付跟踪，导致错过了最佳的催付时间。除此之外，店铺提供的催付话术库质量一般，催付成功率极低。

根据以上实际情况，李然准备从运营的角度更新优化催付话术库，提高已拍订单的付款率。

任务流程(图 4-25)

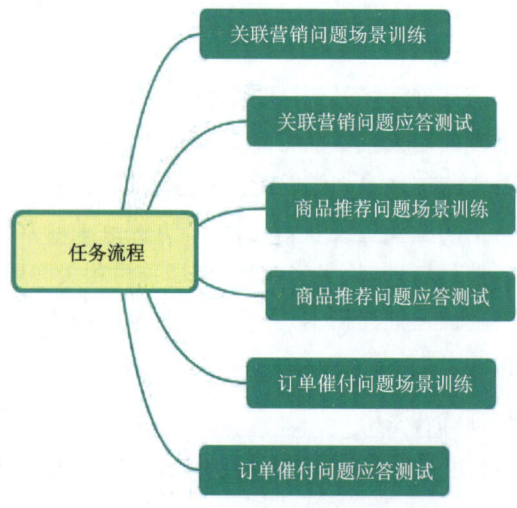

图 4-25　交易促成任务流程

 任务实施

第一步　关联营销问题场景训练

1. 钱包替代关联(咨询黑色钱包,关联推荐同款其他所有颜色促使多件购买)(应答内容并不唯一,图 4-26 仅供参考,其他互动场景同理)

图 4-26　钱包替代关联回答

2.拉杆箱替代关联(咨询22寸拉杆箱,关联推荐同款店铺现有规格商品,图4-27)

图 4-27　拉杆箱替代关联

第二步　关联营销问题应答测试(图 4-28)

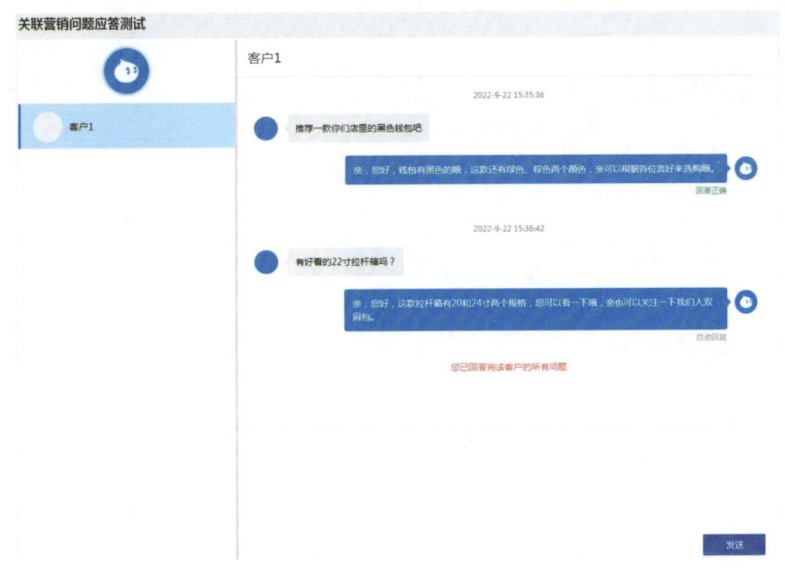

图 4-28　关联营销问题应答测试

第三步 商品推荐问题场景训练

1. 咨询店铺活动问题（从店铺及商品活动介绍方面进行推荐，图 4-29）

图 4-29　咨询店铺活动问题回答

2. 拉杆箱需求推荐（从卖点的角度进行推荐，引导购买，图 4-30）

图 4-30　拉杆箱需求推荐

第四步　商品推荐问题应答测试（图 4-31）

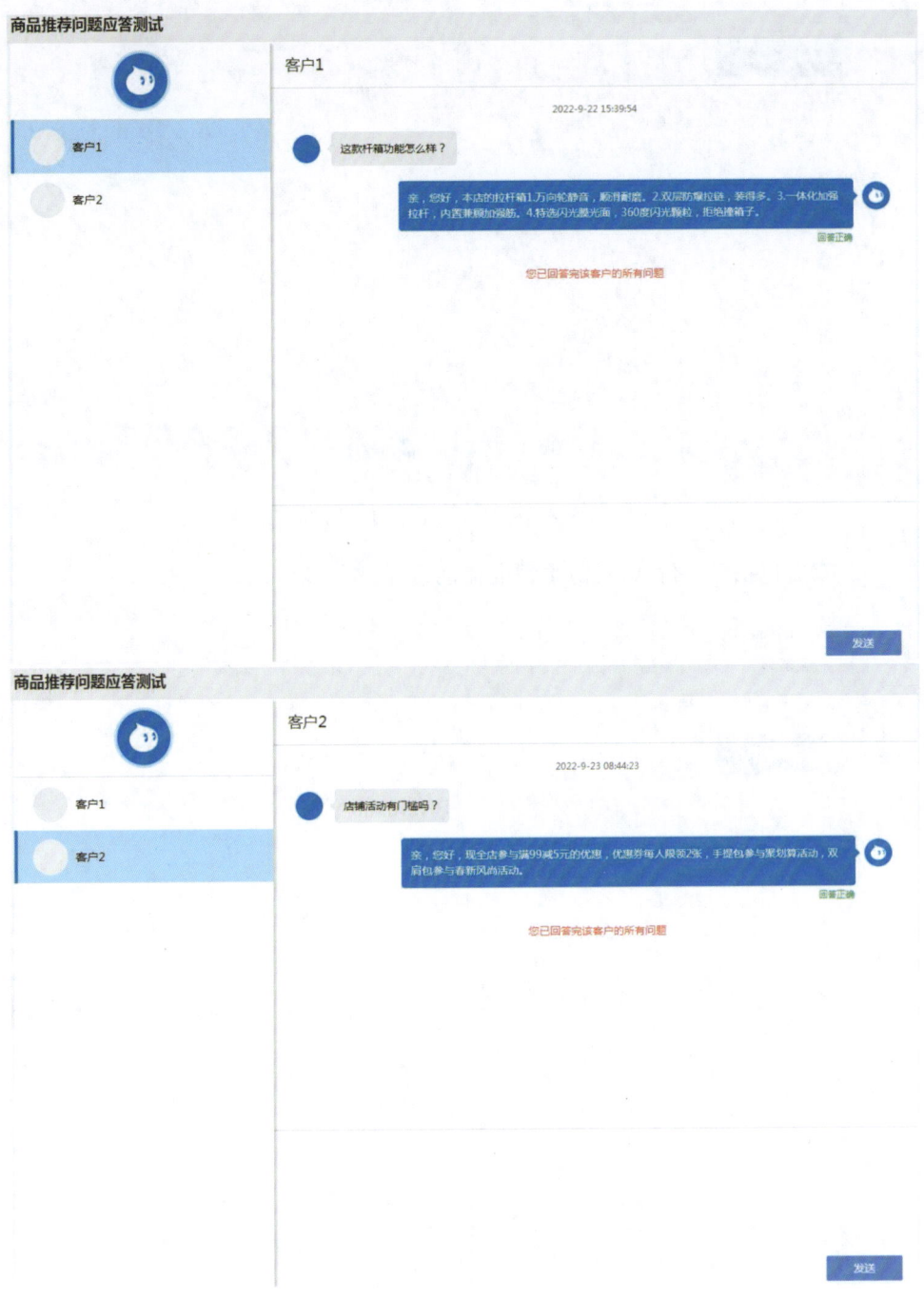

图 4-31　应答测试

第五步　订单催付问题场景训练
1. 单肩包拍下未付款（对发货时间存疑虑，图 4-32）

图 4-32　单肩包拍下未付款回答

2.双肩包拍下未付款（对防水程度存疑虑，图 4-33）

图 4-33　双肩包拍下未付款回答

第六步　订单催付问题应答测试（图4-34）

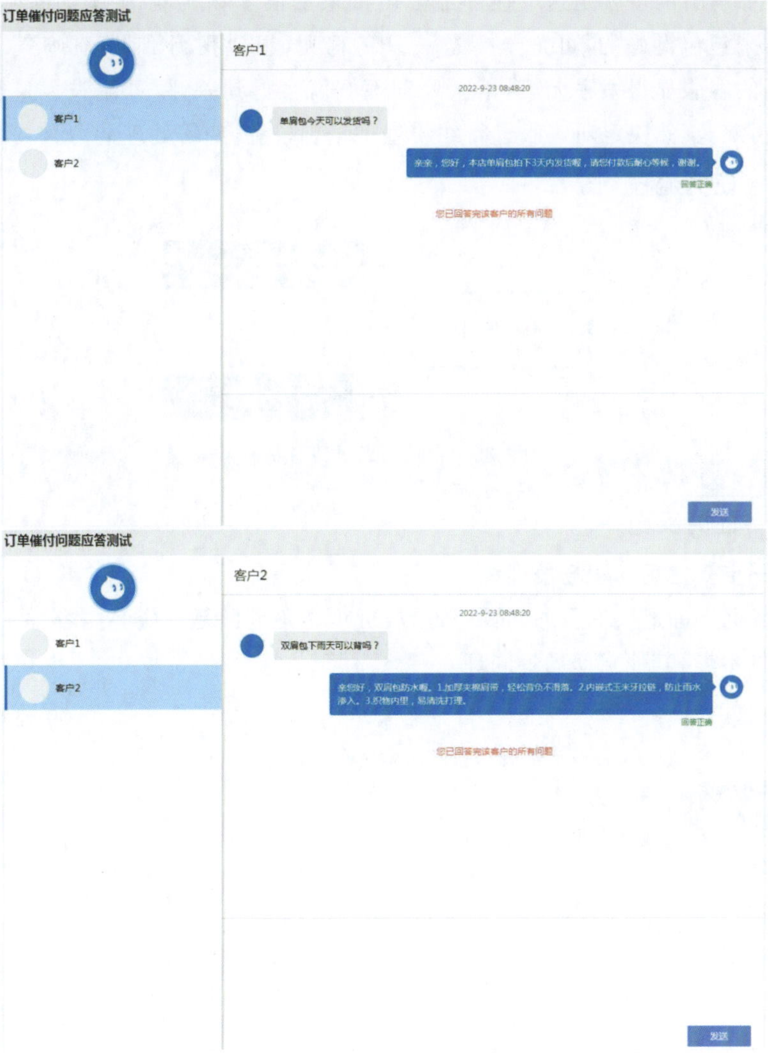

图 4-34　应答测试

岗位任务四　售后问题处理

任务目标

1. 能遵循纠纷处理流程处理售后纠纷问题
2. 能从客户角度和纠纷类型设置售后纠纷问题处理话术，并完成售后问题场景训练

任务背景

艾迪公司日常收到很多售后问题，如产品质量明明很好，但顾客却硬要说质量不好，要求退货；或者客户在付款后没有收到货，一直打电话投诉，要求退款等。另

外,公司最近推出了一款女士手提包,为了让客户有更好的体验,公司赠送一个精美乌鸦毛绒挂件,可就是这个挂件给公司带来了很多麻烦,产生了纠纷,客户反映认为,本来包包挺好的,可是干嘛送一只乌鸦呢,想让我倒霉吗,真晦气。对此情况,公司的客服显得束手无策,稍微处理不好就会得到差评,且流失大量客户。针对这些情况,李然决定对客服进行纠纷处理培训,提升纠纷处理能力。

任务流程（图4-35）

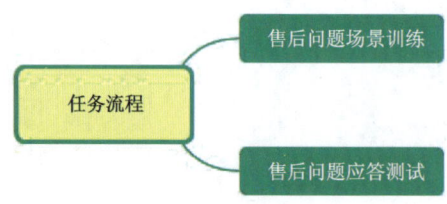

图4-35　售后问题处理任务流程

任务实施

第一步　售后问题场景训练

1. 咨询店铺退换货服务问题（从退换货承诺角度回复）（应答内容并不唯一,图4-36仅供参考,其他互动场景同理）

图4-36　咨询店铺退换货服务问题

2. 咨询店铺开发票问题（成交后,从提供发票服务角度回复,图4-37）

图 4-37　咨询店铺开发票问题回答

任务实施

第二步　售后问题应答测试（图 4-38）

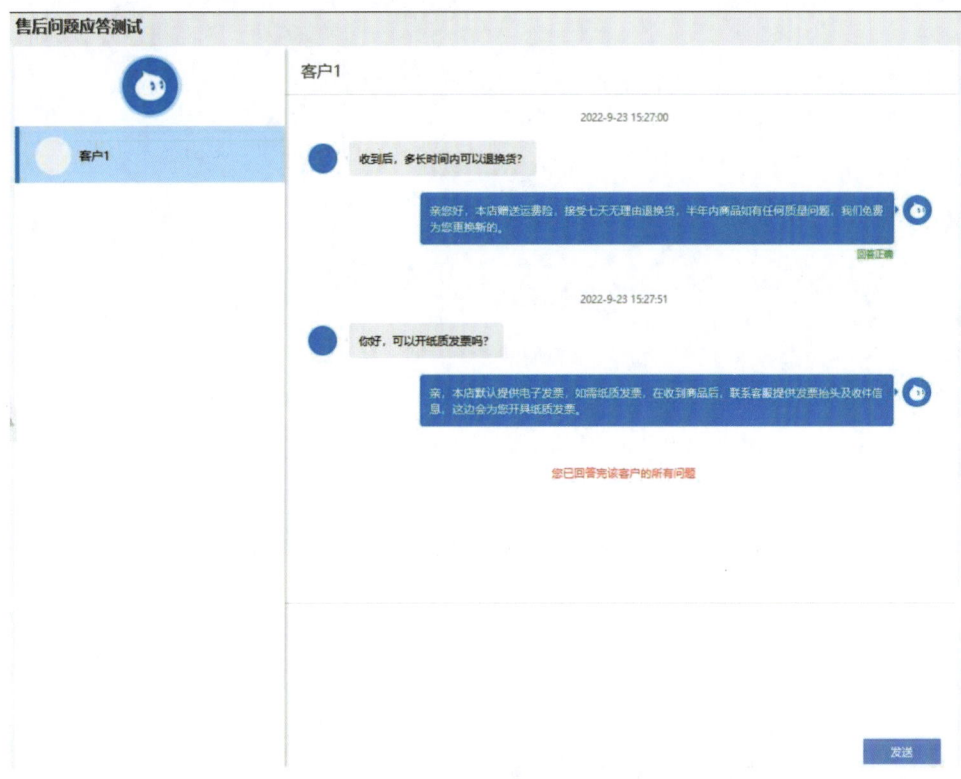

图 4-38　售后问题应答测试

任务复盘　　　　　　　扫一扫，实战任务笔记区

连线学长　　　　　　　扫一扫，感悟反思笔记区

模块五　运营数据分析

一、岗位要求

◇ 能够对店铺实时、流量、商品、交易、内容、物流数据进行分析。
◇ 能够根据分析结果提出针对性运营改进建议或方案。
◇ 能够分析商品的销售状况。
◇ 能够分析店铺的运营状况。

二、实训内容

本模块分为3个岗位任务：常用的数据分析工具、客户评价分析、网店运营状况分析。让学生能学会利用常用的数据分析工具对网店的运营状况以及网店的客户评价进行分析，并能根据分析结果制定简单的运营方案。

三、知识结构 （图5-1）

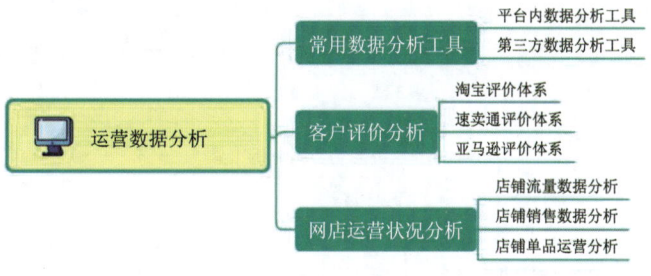

图5-1　运营数据分析思维导图

【实训目标】

　知识与技能

1.了解常用的第三方数据分析工具
2.了解速卖通、亚马逊评价体系

3. 了解单品运营分析内容
4. 熟悉平台内的主要数据分析工具
5. 熟悉淘宝评价体系
6. 熟悉店铺销售数据分析指标
7. 掌握有效数据获取途径
8. 掌握网店的基本流量分析指标
9. 能根据分析结果提出针对性运营方案

 过程与方法

在讲授中体会提出问题、分析问题、解决问题的过程，培养问题意识和数据思维。

 情感态度与价值观

通过理实结合的学习过程，培养学生的数据意识，提高学生对数据分析和应用的兴趣。

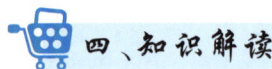

 教学重点

只有知道有哪些数据分析工具以及这些工具的优势所在，才能选择合适的工具进行网店运营数据的分析。因此，确定本模块的教学重点如下。

1. 常用数据分析工具（图 5-2）

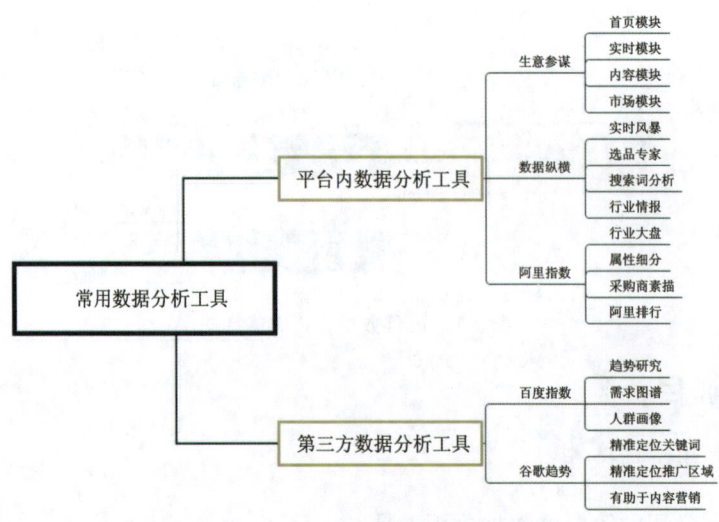

图 5-2　常用数据分析工具重点

2. 网店运营数据分析（图 5-3）

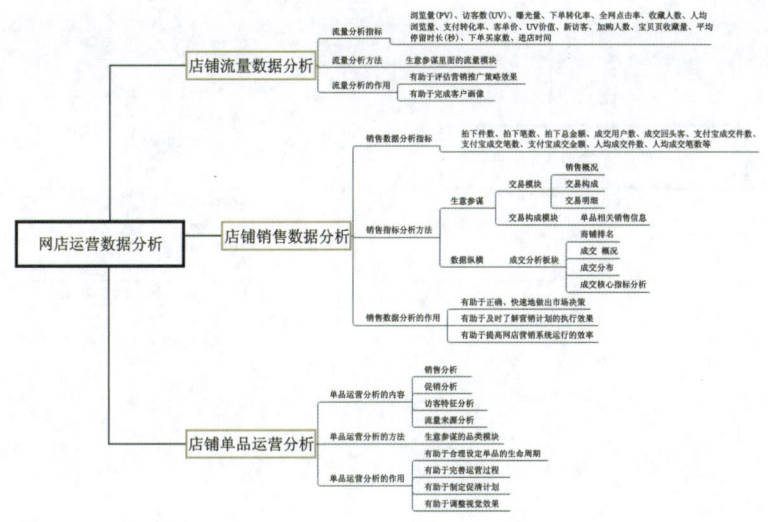

图 5-3　网店运营数据分析重点

 教学难点

淘宝、速卖通、亚马逊都有各自的客户评价体系，由于客户评价呈现的分数受主观影响较大，因此需要对数据有更客观的认知、分析能力。因此，确定本模块的教学难点如下。

1. 淘宝、速卖通、亚马逊评分方法（图 5-4）

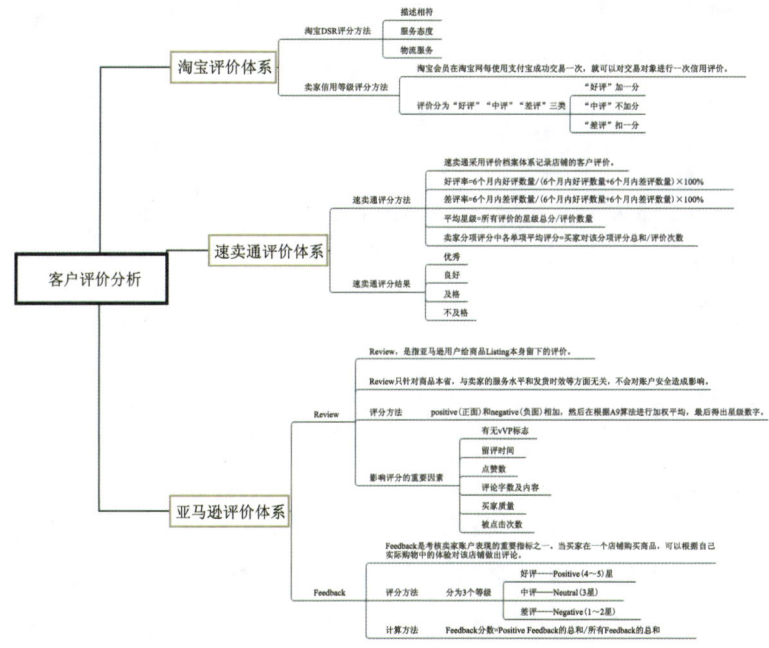

图 5-4　客户评价分析难点

2.淘宝、速卖通、亚马逊评分结果的影响(图5-5)

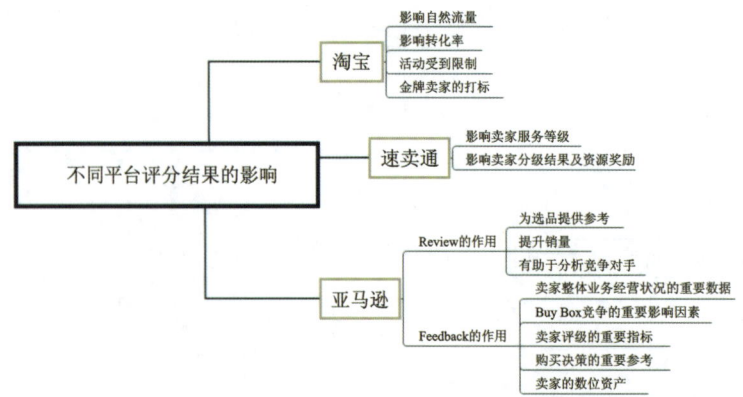

图5-5 不同平台评分结果的影响

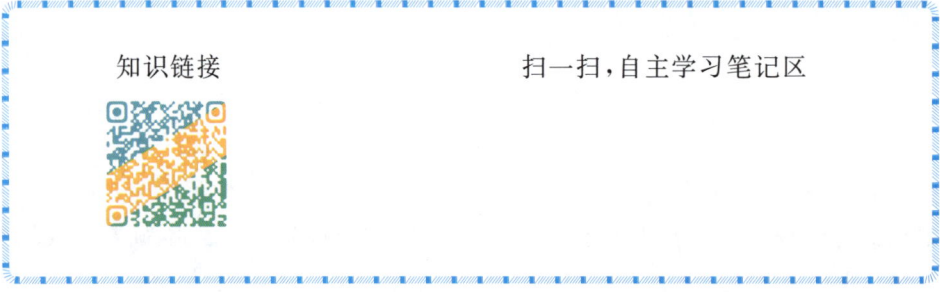

知识链接　　　　　　扫一扫,自主学习笔记区

五、例题精解

模块 5.1

(一)单选题

(1)下列属于平台内的数据分析工具的是(　　)。

A.阿里指数

B.百度指数

C.谷歌趋势

D.八爪鱼

解析:阿里指数是淘宝或者天猫平台内置的数据分析工具。百度指数是百度公司根据百度搜索引擎的搜索记录产生的一个数据分析指数。谷歌指数是谷歌公司根据谷歌搜索引擎的搜索记录得到的一个数据分析指数。八爪鱼是深圳视界信息技术有限公司开发的一款互联网数据抓取和分析软件。

正确答案:A

(2)生意参谋中,实时模块主要监控(　　)。

A. 店铺实时动态数据

B. 店铺实时指标

C. 买家实时购买数据

D. 关键词实时排行

解析：生意参谋中，实时模块主要监控店铺实时动态数据。实时概况、实时来源与实时访客为三组主要数据，无线端数据较为常用。实时概况主要反映店铺当天的浏览量、访客数、支付金额、支付子订单数和支付买家数；实时来源主要反映流量入口是免费还是付费，占比分别是多少；实时访客主要提供顾客访问时间、入店来源和访客位置的相关数据。

正确答案：A

(二)多选题

(1)百度指数是以百度海量网民行为数据为基础的数据分析平台，它的主要功能模块包括（　　）。

A. 趋势研究

B. 需求图谱

C. 精准定位关键词

D. 人群画像

解析：百度指数是以百度海量网民行为数据为基础的数据分析平台，它有三个功能模块：趋势研究、需求图谱、人群画像。趋势研究功能展示所选关键词在百度的搜索指数及受关注指数，反映关键词的热门程度。需求图谱功能展示相关词的相关程度，可帮助卖家挖掘用户隐藏的关注焦点与消费欲望。人群画像立体展示用户年龄、性别、区域、兴趣分布等特点。

正确答案：ABD

(2)内容模块主要针对开展内容营销的店铺，包括（　　）等。

A. 头条号

B. 淘直播

C. 抖音

D. 微淘

解析：内容模块主要针对开展内容营销的店铺，包括头条号、淘直播、抖音、微淘等。通过整体概况、商品分析、粉丝分析等板块，卖家可了解什么样的内容和渠道能够吸引粉丝、刺激购买。

正确答案：ABCD

模块 5.2

(一)单选题

(1)淘宝店铺的评价系统对于店铺的运营非常关键，淘宝平台的评价是怎么记分的？（　　）

A. 一个好评计1分,中评不计分,差评扣1分

B. 一个好评计1分,中评扣1分,差评扣2分

C. 一个好评计2分,中评1分,差评0分

D. 一个好评计1分,中评1分,差评0分

解析:淘宝会员在淘宝网每使用支付宝成功交易一次,就可以对交易对象进行一次信用评价。评价分为好评、中评、差评三类,每种评价对应一个信用积分,具体为:好评加1分,中评不加分,差评扣1分。

正确答案:A

(2)淘宝店铺DSR评分和卖家信用等级评分的好坏直接影响买家的购买决定,下面不受评分结果影响的是( )。

A. 自然流量

B. 转化率

C. 活动报名

D. 产品质量

解析:店铺的DSR评分与信用等级越高,排名会越靠前,广告位会越多,越容易被买家发现。很多买家在购买商品时,会首先关注DSR评分与信用等级。淘宝的部分官方活动会对店铺DSR评分与信用等级有严格的限制。

正确答案:D

(3)Feedback是针对( )做出的评价,Review是针对( )做出的评价。

A. 产品Listing,购买订单

B. 购买订单,服务

C. 产品Listing,服务

D. 购买订单,产品Listing

解析:在亚马逊的卖家管理系统中,包含客户反馈Feedback和商品评论Review。Feedback是客户针对购买订单做出的评价,Feedback的好坏会直接影响订单缺陷率的变化。Review则是亚马逊用户对产品Listing本身做出的评价,任何亚马逊的用户都可以对自己感兴趣的Listing发表Review。

正确答案:D

(二)多选题

(1)下面属于Feedback作用的是( )。

A. Feedback为卖家的整体业务表现提供了非常有价值的数据

B. Feedback评级会影响BuyBox的竞争

C. 如果卖家的平均Feedback评级低于亚马逊的标准,他们的账户可能会被暂停销售甚至直接关店,从而严重损害他们的卖家声誉。

D. Feedback为客户的购买决策提供重要的参考信息。

解析:Feedback是卖家整体业务经营状况的重要数据。卖家可以根据Feedback的结果,及时调整经营策略。Feedback是Buy Box竞争的重要影响因素。

Feedback 是卖家评级的重要指标。如果卖家的平均 Feedback 评级低于亚马逊的标准,他们的账户可能会被暂停销售甚至直接关店,从而严重损害他们的卖家声誉。Feedback 是购买决策的重要参考,分数越高买家对店铺的印象越好。

正确答案:ABCD

(2)Review 的作用是什么?(　　)

A. 为选品提供参考

B. 提升销量

C. 有助于分析竞争对手,完善产品分析竞争对手的 Review

D. 影响卖家服务等级

解析:可以通过 Review 数量来评估销量,从而为选品提供参考。Review 越多,潜在买家越多。好的 Review 可以提升潜在顾客的购买信心,提高转化率,提升销量。完善产品分析竞争对手的 Review,更有利于发掘出产品本身的品质状况以及客户诉求。

正确答案:ABC

模块 5.3

(一)单选题

(1)下列属于销售数据分析作用的是(　　)。

A. 有助于评估营销推广策略效果

B. 有助于评估运营效果

C. 有助于进行选品分析

D. 有助于及时了解营销计划的执行效果

解析:销售数据分析有助于正确、快速地做出市场决策;有助于及时了解营销计划的执行效果;有助于提高网点营销系统的运行效率。

正确答案:D

(2)下列属于流量分析作用的是(　　)。

A. 有助于提高商品曝光率

B. 有助于卖家评级

C. 有助于评估点击量

D. 有助于评估营销推广策略效果

解析:流量分析有助于评估营销推广策略效果,及时掌握网站推广的效果,制定和修正网络营销策略。有助于完成客户画像,深入了解买家的行为特征和消费习惯,不断提高客户定位的精度。

正确答案:D

(二)多选题

(1)下列属于单品运营分析内容的是(　　)。

A. 销售分析

B. 促销分析

C. 访客特征分析

D. 流量来源分析

解析：一般来说，单品运营分析包括：销售分析，通过销售分析，卖家可以掌握单品销售变化趋势，有针对性地制定单品营销策略，进而提高单品成交转化率；促销分析，可以帮助卖家量化搭配商品的销售效果，增加店铺的引流渠道，进而提高客单价；访客特征分析，了解访客的潜在需求，更好地提供商品；流量来源分析，更好地了解各个渠道的商品引流效果。

正确答案：ABCD

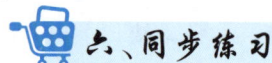

同步测试

(一) 单选题

(1) 不是 Review 评分的方法有（ ）。

A. 有无 VP 标志

B. 留评时间

C. 点赞数

D. 点击次数

(2) 店铺周年庆发放 100 元优惠券给顾客，数量有限，送完为止，消费者的侥幸心理会促使他们尝试点击"领取"优惠券，再想办法使用这张优惠券。消费者的目的是将优惠券兑换成商品，店铺经营者的目的是在提升转化率的同时（ ）。

A. 提升店铺曝光率

B. 引流

C. 降低店铺跳失率

D. 提高成交量

(3) 所谓的替代关联是指主推产品和关联产品可以（ ）。

A. 完全互补

B. 部分互补

C. 部分替代

D. 完全替代

(4) 下列不是单品运营分析作用的是（ ）。

A. 有助于完善运营过程

B. 有助于制定促清计划

C. 有助于调整视觉效果

D. 有助于提高网店营销系统运行的效率

(5) A 店铺今天通过搜索获得的 UV 为 50，通过直通车获得 UV 为 80，一共成交了13笔交易,那么( )。

A. 店铺今天的转化率为10%

B. 店铺今天一共获得了80个UV

C. 店铺今天的PV为130

D. 店铺今天的跳失率为10%

(6)阿里指数当前开通了( )、属性细分、采购商素描、阿里排行四大功能。

A. 行业大盘

B. 行业概况

C. 蓝海行业

D. 行业数据

(7)按照淘宝DSR评分方法计算,某店铺一共有15位买家参与评分,且每位买家只参与一次,其中13个人给了5分,2个人给了1分,那么该店铺的动态评分是( )。

A. 67

B. 4.5

C. 4.8

D. 72

(8)百度指数是以百度海量网民行为数据为基础的数据分析平台,它的主要功能模块不包括( )。

A. 趋势研究

B. 需求图谱

C. 精准定位关键词

D. 人群画像

(9)百度指数有三个功能模块,分别是趋势研究、( )、人群画像。

A. 需求图谱

B. 用户画像

C. 访客画像

D. 行为数据

(10)搭配套餐是将几种商品组合在一起设置成套餐进行销售,以下关于搭配套餐描述错误的是( )。

A. 卖家需要成功订购旺铺才能对商品设置搭配套餐

B. 搭配套餐是针对整个商铺的

C. 一个商铺最多只能设置4个搭配商品

D. 搭配套餐的设置是建立在上商品之间存在内在联系的

(11)关于数据纵横商品分析模块的功能描述说法不正确的是( )。

A. 提供当前行业热卖商品和热门搜索关键词的数据

B. 可以查看曝光量、浏览量、访客数、购物车、成交转化率、订单、收藏

C. 平均停留时间长短直接反应详情页面质量

D. 搜索点击率低,说明主图和价格设置需要调整

(12)行业概括包括周数据、月数据、季度数据三个范围,不含(　　)。

A. 行业分析

B. 行业数据

C. 行业趋势

D. 行业国家

(13)生意参谋中,实时模块主要监控(　　)。

A. 店铺实时动态数据

B. 店铺实时指标

C. 买家实时购买数据

D. 关键词实时排行

(14)速卖通采用评价档案体系记录店铺的客户评价。评价档案包括近期评价摘要、(　　)、评价记录。

A. 评价数量

B. 评价历史

C. 评价好评率

D. 评价差评率

(15)下列关于淘宝DSR评分方法说法不正确的是(　　)。

A. DSR评分与信用等级越高的店铺,店铺与产品排位会越靠前,橱窗广告位会越多,宝贝越容易被买家发现

B. 官方活动、大促报名都会对店铺DSR评分与信用等级有严格的限制

C. DSR分数是考核店铺能否成为金牌卖家的一个重要因素

D. 系统默认评分,不会影响卖家的店铺评分

(16)所谓商品标题,本质上是如何描述一个商品,或者说标题描述和客户需求保持一致,标题撰写有很多技巧,以下不属于标题撰写技巧的是(　　)。

A. 核心词排序

B. 挖掘关键词

C. 建立词库

D. 标题组合公式

(17)下列不是单品运营分析作用的是(　　)。

A. 有助于完善运营过程

B. 有助于制定促清计划

C. 有助于调整视觉效果

D. 有助于提高网店营销系统运行的效率

(18)下面各种类型的活动,其活动方式和其目的不相匹配的是(　　)。

A. 会员日:通过打折促销,吸引买家成为会员

B. 清仓：低价抛售换季商品，减少库存，资金回笼

C. 店庆：店铺自己的节日，目的是形成买家购物习惯，同时也是对店铺的宣传

D. 新品：新上线商品积累销量

(19) 流量是衡量网店运营状况的重要参考指标之一，从收费方面看，流量可分为免费流量和付费流量，付费流量具有（　　）的特点。

A. 流量不精准

B. 成本低廉

C. 见效快

D. 效果持久

(20) 淘宝生意参谋四个整体指标模块不包括（　　）。

A. 实时

B. 市场

C. 商品

D. 首页

(二) 多选题

(1) 通常情况下，淘宝直通车的图片视觉优化最重要的部分就是商品的首图，它不但是卖家了解商品的"开始"，也是直通车推广该商品的唯一"入口"，因此在设计时要注意哪几点？（　　）

A. 要将商品的卖点作为重点展现

B. 美化图片的样式

C. 懂得突出商品与背景的色彩差异

D. 提炼文字的信息

(2) 很多卖家都会通过免费和付费的方式来获得流量，在来源构成中，付费流量不包含以下哪些渠道引入的流量？（　　）

A. 直通车

B. 淘宝客

C. 聚划算

D. 淘金币

(3) 搭配套餐是将几种商品组合在一起设置成套餐进行销售，以下关于搭配套餐描述正确的是（　　）。

A. 卖家需要成功订购旺铺才能对商品设置搭配套餐

B. 搭配套餐是针对整个商铺的

C. 一个商铺最多只能设置 4 个搭配商品

D. 搭配套餐的设置是建立在上商品之间存在内在联系的

(4) 行业概括包括周数据、月数据、季度数据三个范围，含有（　　）三个维度。

A. 行业分析

B. 行业数据

C. 行业趋势

D. 行业国家

(5)聚划算活动对卖家进入有一定的门槛要求,卖家在报名时需注意的事项是( )。

A. 报名商品的选择要具有代表性

B. 活动价格的设置可以比平时低一些

C. 产品评分不能低,可以有中评,但不能有差

D. 可以同时创建淘宝店和闲鱼在报名前要了解聚划算规则

(6)买家对商品的评论直接影响着其他买家的购买决定,进而对商品的销量产生影响,以下哪个选项受评分结果的影响( )。

A. 转化率

B. 自然流量

C. 活动受到限制

D. 钻石卖家的打标

(7)生意参谋的流量模块是最常用的流量分析方法,以下是属于流量模块提供的内容的是( )。

A. 全店流量的概况

B. 全店流量的来源和去向

C. 店铺装修效果

D. 店铺页面点击分布

(8)生意参谋的首页模块可以展示( )等核心数据。

A. 实时指标

B. 流量分析

C. 搜索词排行

D. 转化分析

(9)搜索词分析板块分成( )词。

A. 热搜词

B. 飙升词

C. 零少词

D. 属性词

(10)淘宝店铺DSR评分和卖家信用等级评分的好坏直接影响买家的购买决定,下面受评分结果影响的是( )。

A. 自然流量

B. 转化率

C. 活动报名

D. 产品质量

(11)网络商品经营者和网络服务经营者向消费者提供商品或者服务,应当遵

守的法律包括（　　）。

　　A.《电子商务法》

　　B.《消费者权益保护法》

　　C.《反不正当竞争法》

　　D.《产品质量法》

（12）下列属于单品运营分析内容的是（　　）。

　　A. 销售分析

　　B. 促销分析

　　C. 访客特征分析

　　D. 流量来源分析

（13）销售数据分析的作用主要包括（　　）。

　　A. 有助于正确、快速的做出市场决策

　　B. 有助于及时了解营销计划的执行效果

　　C. 有助于提高网店营销系统运行的效率

　　D. 有助于完成客户画像

（14）以下关于商品标题的描述正确的是（　　）。

　　A. 商品标题中的核心词可能是商品的名称

　　B. 商品标题对于同一商品的不同阶段发挥的作用不一样

　　C. 对于新品而言标题显得特别重要

　　D. 一个优秀的商品标题能向买家介绍商品的特征，传达商品的有效信息

（15）在后台填写商品属性时，一定要注意不要出错，不然可能会引起商品下架，以下属于商品属性填写时注意事项的是（　　）。

　　A. 属性描述越详细越好，不要留空，有助于商品的排名展示

　　B. 属性词里面的用词不要反复填写

　　C. 属性词里面一定要包含商品的主推关键词

　　D. 属性词的填写不一定要和标题描述一致

（16）下列关于淘宝DSR评分方法说法正确的是（　　）。

　　A. 交易成功后15天内，买家自愿对卖家进行店铺评分

　　B. 每个自然月，相同买、卖家之间交易，卖家店铺评分仅计取一次

　　C. 买家完成店铺评分后，系统会自动代卖家给买家一个好评

　　D. 店铺动态评分低于同行平均值会变绿，高于同行平均值会变红

（17）在进行标题优化时，一般标题不建议经常改动，也没必要每个宝贝标题都优化，一般7天后再优化效果会比较好，因为（　　）。

　　A. 经常优化标题太累

　　B. 有个时间段观察效果

　　C. 改的太频繁会被降权

　　D. 改的太频繁会造成客户流失

(18)商品的标题时刻保持最佳的状态,商品才能获得更多的流量和点击,在标题优化时,商品的标题必须与( )一致。

A. 商品属性

B. 宝贝详情的图片展示

C. 关联推荐的商品

D. 商品类目

(19)下列属于百度指数功能模块的有( )。

A. 趋势研究

B. 需求图谱

C. 人群画像

D. 精准定位

(20)下面属于淘宝站内数据分析工具的是( )。

A. 数据纵横

B. 生意参谋

C. 百度指数

D. 谷歌趋势

(三)判断题

(1)包邮、特价、正品、活动促销等都属于营销关键词。

A. 对

B. 错

(2)成交回头率指的是成交回头客占成交用户数的百分比。

A. 对

B. 错

(3)店铺的销售数据直接影响店铺的利润,可以及时了解店铺的盈利情况,及时调整运营策略。

A. 对

B. 错

(4)关联销售是一个静态的过程,店铺运营部门设置的关联很难做到面面俱到。

A. 对

B. 错

(5)客单价、购买商品数量、退款率、好评率等指标都属于客户信息分类中的行为数据。

A. 对

B. 错

(6)商品选了雪纺衫类目,那么商品标题就不能出现衬衫的关键字。

A. 对

B. 错

(7)在标题的优化中要迎合用户体验,按照客户的心理可以适当的夸大产品的功能,这样才能吸引客户,起到标题的作用。

A. 对

B. 错

(8)在亚马逊评价体系中,有 VP 标志买家的评价对 Review 影响的权重更大,VP 表示撰写该商品评论的买家在亚马逊上购买了该商品。

A. 对

B. 错

(9)速卖通生意参谋品类板块中,历史数据只保存近 180 天的数据。

A. 对

B. 错

(10)淘宝生意参谋"商品诊断"板块中,PC 端按描述区页面高度、图片查看、页面打开时长三个角度对单个宝贝进行诊断。

A. 对

B. 错

七、实战案例

岗位任务一　智能客服机器人综合实训

 任务目标

能从迎接问好、客户问题处理、交易促成、售后问题处理等几个方面进行智能机器人的训练。

 任务背景

在店铺经营的过程中,李然发现客服在交易过程中起到很重要的作用。客服工作的好坏会直接影响到店铺的形象,影响到网店的成交率及客户的回头率,与店铺的利益直接挂钩。

李然决定利用智能机器人作为店铺的辅助系统,减轻人工服务的压力。通过在经营过程中的总结分析,确定从迎接问好、客户问题处理、交易促成、售后问题处理等几个方面进行智能机器人的训练。

 任务流程

图 5-6　智能客服机器人综合实训流程

任务实施

智能客服机器人综合测试(应答内容并不唯一,图 5-7 仅供参考,其他互动场景同理)。

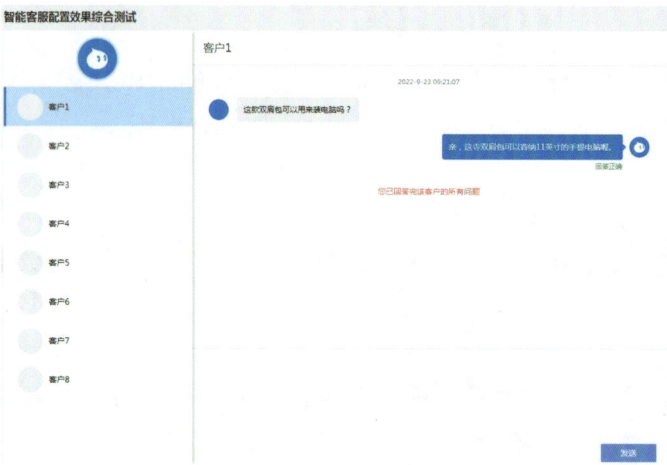

图 5-7　智能客服机器人综合测试(1)

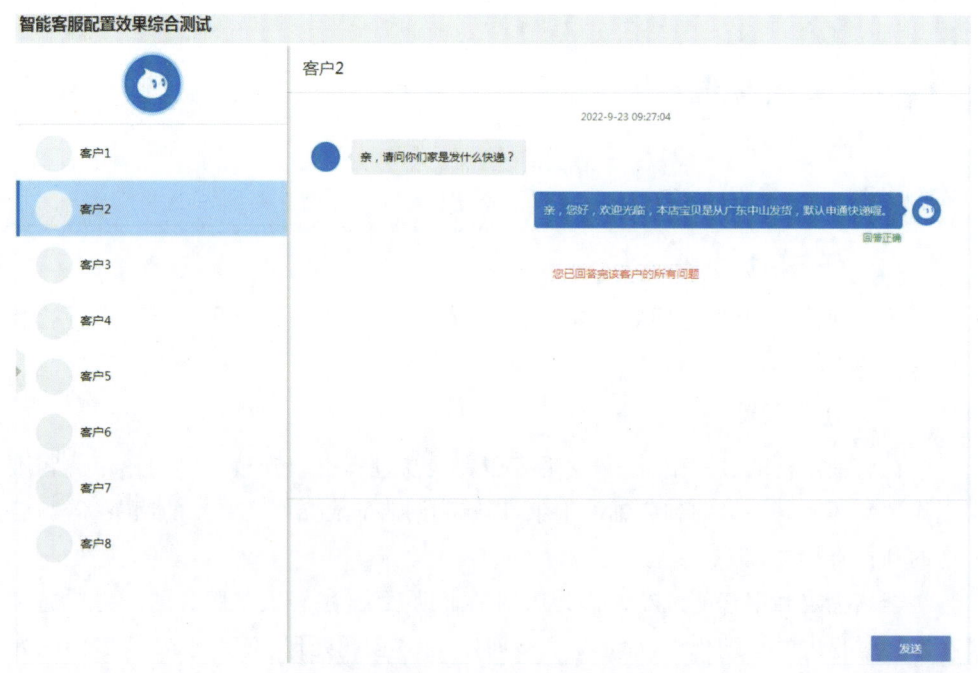

图 5-8　智能客服机器人综合测试(2)

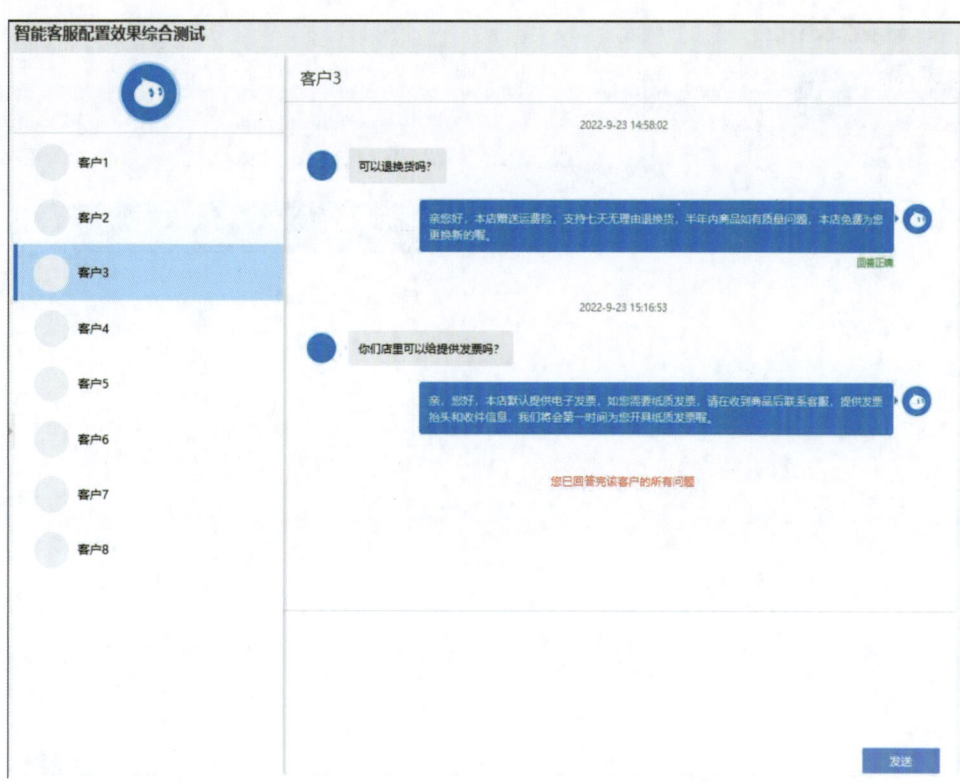

图 5-9　智能客服机器人综合测试(3)

图 5-10　智能客服机器人综合测试(4)

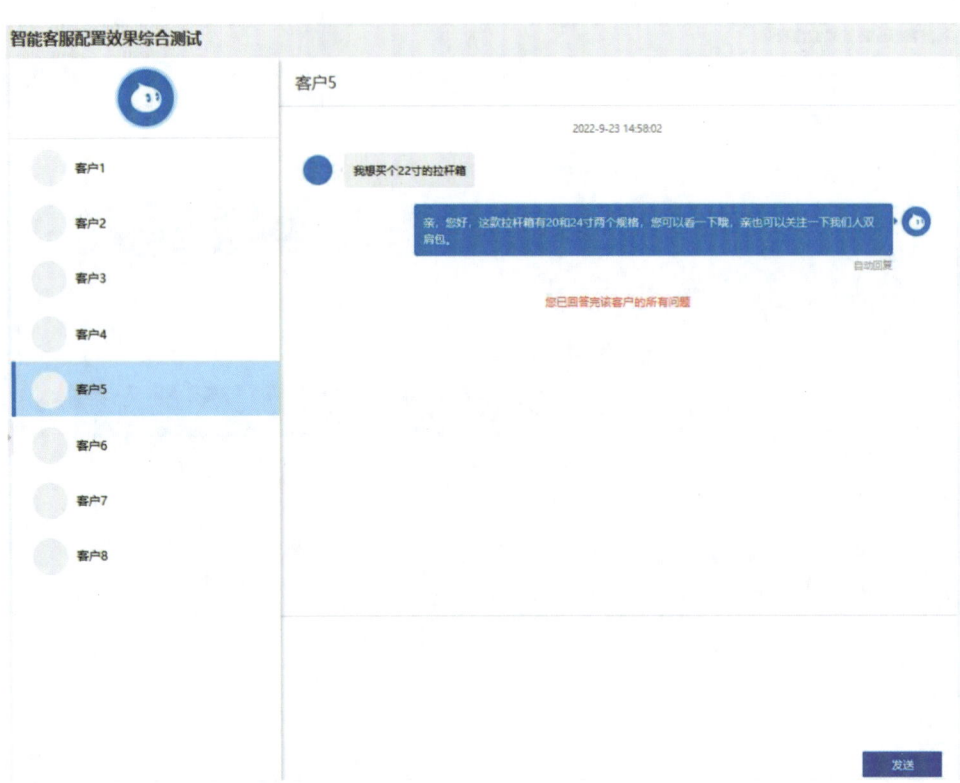

图 5-11　智能客服机器人综合测试（5）

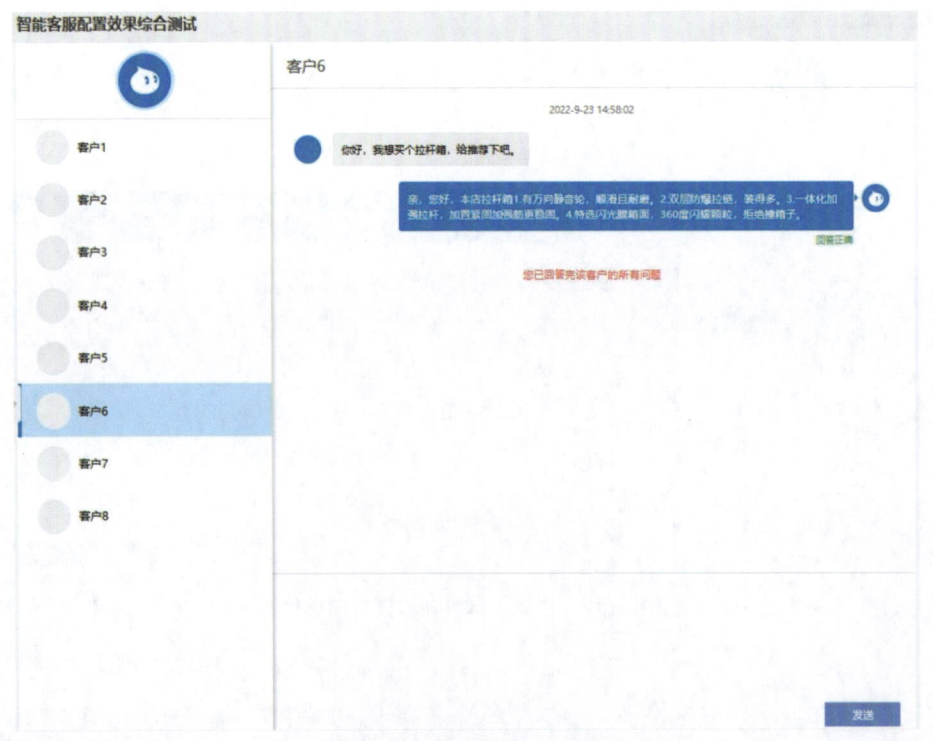

图 5-12　智能客服机器人综合测试（6）

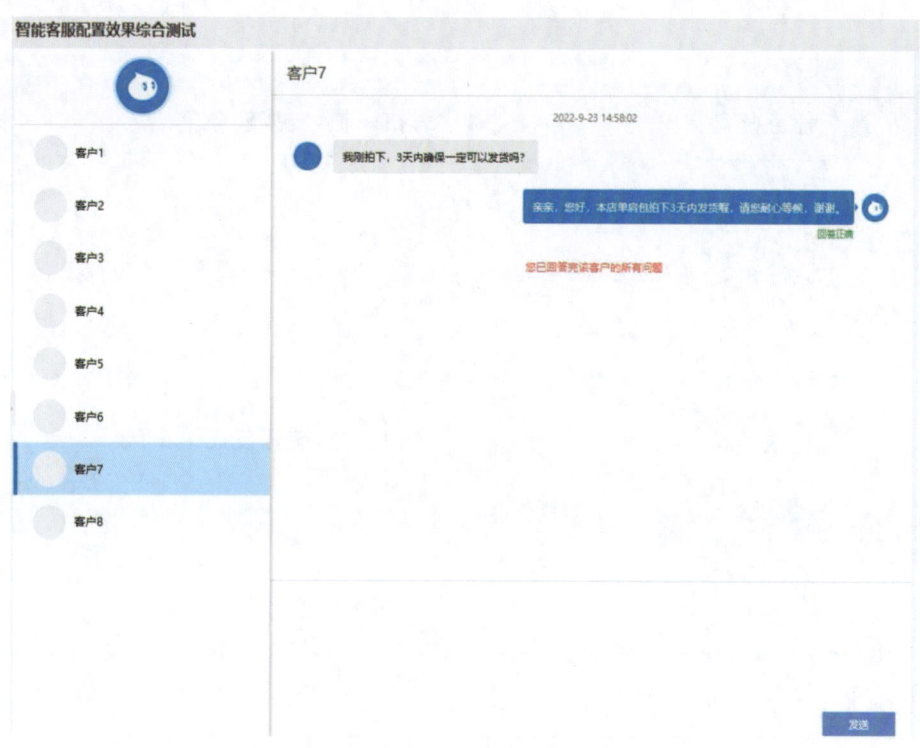

图 5-13 智能客服机器人综合测试(7)

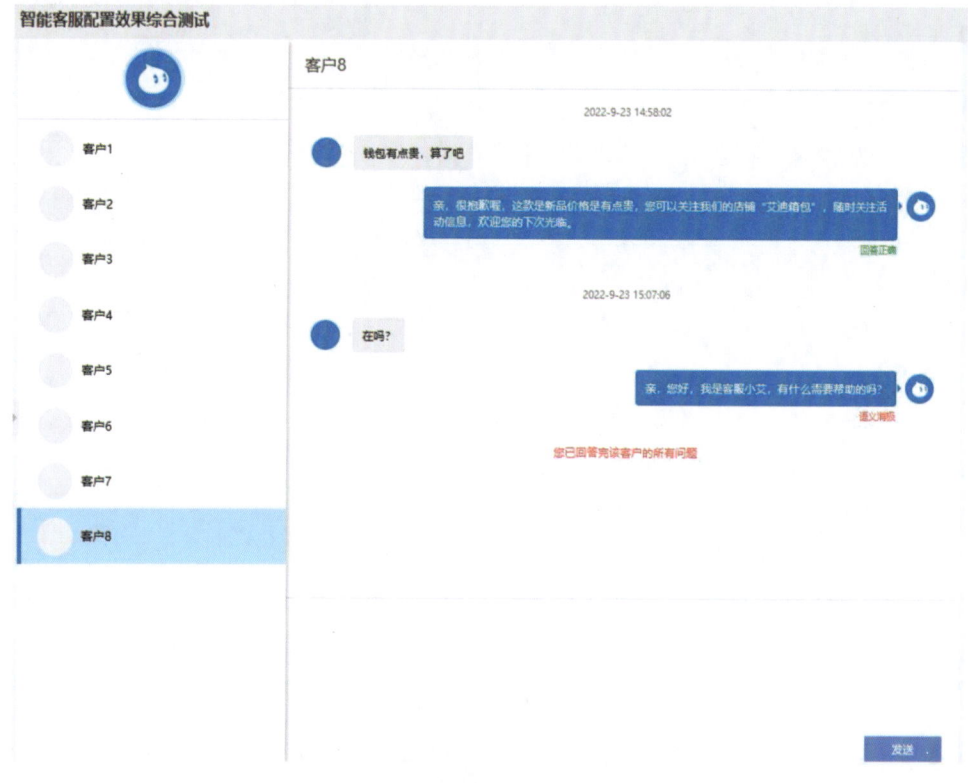

图 5-14 智能客服机器人综合测试(8)

任务复盘 　　　　扫一扫,实战任务笔记区

连线学长 　　　　扫一扫,感悟反思笔记区

主要参考文献

北京鸿科经纬科技有限公司,2022.网店运营基础[M].2版.北京:高等教育出版社.

柳薇,张宝生,2017.职业素养[M].上海:同济大学出版社.

孙红梅,汪健.,2018.网店美工[M].北京:中国发展出版社.

附 录

附录1 历年真题

历年真题

附录2 入职测评

说明：本卷为员工入职测试题，旨在了解面试者综合能力，考试成绩将保密且仅作为面试参考。卷面可以打草稿，答题时间30分钟（不允许查手机），答案和姓名请填写在最后一面答题卡上，谢谢。

1. 选出不同类的一项（　　）
 A. 蛇　　　　B. 大树　　　　C. 老虎
2. 在下列分数中，选出不同类的一项（　　）
 A. 3/5　　　B. 3/7　　　　C. 3/9
3. 男孩对男子，正如女孩对（　　）
 A. 青年　　B. 孩子　　C. 夫人　　D. 姑娘　　E. 妇女
4. 如果笔相对于写字，那么书相对于（　　）
 A. 娱乐　　B. 阅读　　C. 学文化　　D. 解除疲劳
5. 马之于马厩，正如人之于（　　）
 A. 牛棚　　B. 马车　　C. 房屋　　D. 农场　　E. 楼房
6. 2 8 14 20（　　），请写出"（　　）"处的数字。
7. 下列四个词是否可以组成一个正确的句子（　　）
 生活　水里　鱼　在
 A. 是　　B. 否
8. 下列六个词是否可以组成一个正确的句子（　　）

球棒 的 用来 是 棒球 打

A. 是　　　B. 否

9. 动物学家与社会学家相对应,正如动物与(　　)相对

A. 人类　　B. 问题　　C. 社会　　D. 社会学

10. 如果所有的妇女都有大衣,那么漂亮的妇女会有(　　)

A. 更多的大衣　　B. 时髦的大衣　　C. 大衣　　D. 昂贵的大衣

11. 1 3 2 4 6 5 7(　　),请写出"(　　)"处的数字

12. 南之于南北,正如西之于(　　)

A. 西北　　B. 东北　　C. 西南　　D. 东南

13. 找出不同类的一项(　　)

A. 铁锅　　B. 小勺　　C. 米饭　　D. 碟子

14. 9 7 8 6 7 5(　　),请写出"(　　)"处的数字

15. 找出不同类的一项(　　)

A. 写字台　　B. 沙发　　C. 电视　　D. 桌布

16. 961(25) 432 932(　　)731,请写出(　　)内的数字

17. 选项 ABCD 中,哪一个应该填在"X0000XX000XXX"后面(　　)

A. X00　　B. 00　　C. 00X　　D. 0XX

18. 望子成龙的家长往往(　　)苗助长

A. 揠　　B. 堰　　C. 偃

19. 填上空缺的词:

金黄的头发(黄山)刀山火海赞美人生(　　)卫国战争

20. 选出不同类的一项(　　)

A. 地板　　B. 壁橱　　C. 窗户　　D. 窗帘

21. 1 8 27(　　),请写出(　　)内的数字。

22. 填上空缺的词:

罄竹难书(书法)无法无天作奸犯科(　　)教学相长

23. 在括号内填上一个字,使其与括号前的字组成一个词,同时又与括号后的字也能组成一个词:

款(　　)样

24. 填入空缺的数字

16　(96)　12 10 (　　) 7.5

25. 找出不同类的一项(　　)

A. 斑马　　B. 军马　　C. 赛马　　D. 骏马　　E. 驸马

26. 在括号内填上一个字,使其与括号前的字组成一个词,同时又与括号后的字也能组成一个词:

祭(　　)定

27. 在括号内填上一个字,使其与括号前的字组成一个词,同时又与括号后的

字也能组成一个词：

头部（　　）震荡

28. 填入空缺的数字

65　37　17　（　　）

29. 填入空缺的数字

41　(28)　27　83(　　)　65

30. 填上空缺的字母

CFI　DHL　EJ　(　　)

答题卡

应聘部门：　　　应聘职位：　　　姓名：　　　分数：

1	2	3	4	5	6	7	8	9	10
11	12	13	14	15	16	17	18	19	20
21	22	23	24	25	26	27	28	29	30

附录3 工作申请表

广东**网络科技有限公司
工作申请

应聘公司/部门：_____　　应聘职位：_____　　人事编号：_____

求职方式：□人才市场　□网上应聘　□内部推荐_____　□其他　　应聘日期：　年　月　日

姓名		性别		出生日期		民族		
婚否		学历		身高(cm)		体重(kg)		
身份证号码					可受雇日期		月	日
户口所在地/现住址								
兴趣/爱好				联系电话		E-mail		
语言能力	国语 □优 □良 □差		英语 ☑优 □良 □差		粤语 □优 □良 □差		计算机水平	□精通 □熟练 □一般
紧急联系人/电话				期望待遇				元/月

学习及培训经历（含职称）					
起止年月	学校名称	所修专业	所获证书	担任职务	受奖情况

工作履历					
起止年月	单位名称	职位	月薪	离职原因	电话

家庭主要关系					
关系	姓名	年龄	家庭详细地址	工作单位	联系电话

本人声明：

1、保证在之前工作单位非因违纪违规或重大失误而离职及本人身体健康，无重大病史（有请如实填写）

有：_____；

2、本人授权萌客网络公司对本人过往工作情况及所提供的相关资历进行背景调查。

3、保证在公司服务期间及离职后遵守公司保密规定，若有泄露公司机密（包括公司客户机密），本人愿承担一切责任（包括法律责任）。

4、本人已详读且同意以上条款，并保证所申报的资料、提供的证件真实有效，如有虚假，本人愿意承担由此导致的一切后果。

应聘者签名：_____　　日期：_____

网店运营推广（初级）

以下由公司内部填写

初试（人力资源部）		评核要点：	A 优秀　B 合格　C 一般　D 不合格	
学历证明		工作经验	个性气质类型	□外向　□偏外向　□中性　□偏内向　□内向
IQ 测试		职业素养	过去雇佣的稳定性	□非常稳定　□比较稳定　□经常变动
IQ 结果		岗位匹配度	对本行业的兴趣	
电脑水平		应变能力	优势	
测试结果		语言表达	不足	
承压能力		仪容仪表	面试人：	日期：
复试（需求部门）		评核要点：	3=优　2=良　1=中　0=差　（满分 24 分，12 分以下为不合格）	
工作经验		实战能力	应变能力	沟通能力
专业技能		行业经验	企业认可度	团队协作
总分		面试结果	□录用　□保持联系　□不录用	

A 录用部门：＿＿＿＿＿＿＿＿　B 职位：＿＿＿＿＿　C 要求入职日期：＿＿＿年 ＿＿月 ＿＿日

建议薪资	固定工资	绩效工资	浮动/提成工资	年薪
试用期				
转正期				

本人确认：＿＿＿＿＿＿　日期：＿＿＿＿＿＿

薪酬绩效审核	

部门审核/签字：

经理：＿＿＿＿＿＿　　总监：＿＿＿＿＿＿　　总经理：＿＿＿＿＿＿

日　期：＿＿＿＿＿＿　日　期：＿＿＿＿＿＿　日　期：＿＿＿＿＿＿

背景调查（人力资源）：

调查项目	调查结果		调查人	调查日期
身份调查		学历调查		
工作履历调查		离职证明		

审核/签字（总监岗位以上）：

副总裁：＿＿＿＿＿＿　　总裁：＿＿＿＿＿＿　　董事长：＿＿＿＿＿＿

日　期：＿＿＿＿＿＿　日　期：＿＿＿＿＿＿　日　期：＿＿＿＿＿＿

附录 4 某月排班表

名字	班级	项目组	岗位	1 四	2 五	3 六	4 日	5 一	6 二	7 三	8 四	9 五	10 六	11 日	12 一	13 二	14 三	15 四	16 五	17 六	18 日	19 一	20 二	21 三	22 四	23 五	24 六	25 日	26 一	27 二	28 三	29 四	30 五	早班天数	夜班天数	中班天数	休息天数
何某某	212班	华帝售后组	售后电话组临促客服	早	早	早	早	休	早	早	早	早	早	休	早	早	早	早	休	早	早	早	早	早	休	早	早	早	早	休	早	早	早	25	0	0	5
曾某某	212班	华帝售后组	售后电话组临促客服	早	早	休	早	早	早	早	休	早	早	早	早	休	早	早	早	早	休	早	早	早	早	休	早	早	早	早	休	早	早	25	0	0	5
何某	212班	华帝售后组	售后电话组临促客服	早	休	早	早	早	早	休	早	早	早	早	休	早	早	早	早	休	早	早	早	早	休	早	早	早	早	休	早	早	早	25	0	0	5
李某	213班	华帝售后组	售后电话组临促客服	早	早	早	休	早	早	早	早	休	早	早	早	早	休	早	早	早	早	休	早	早	早	早	休	早	早	早	早	休	早	25	0	0	5
卢某某	212班	华帝售后组	售后电话组临促客服	早	早	早	早	早	休	早	早	早	早	早	休	早	早	早	早	早	休	早	早	早	早	早	休	早	早	早	早	早	休	25	0	0	5
卢某	212班	华帝售后组	售后电话组临促客服	早	早	早	早	早	早	休	早	早	早	早	早	早	休	早	早	早	早	早	早	休	早	早	早	早	早	早	休	早	早	25	0	0	5
黄某某	212班	华帝售后组	售后电话组临促客服	早	休	早	早	早	早	早	休	早	早	早	早	早	休	早	早	早	早	早	早	休	早	早	早	早	早	休	早	早	早	25	0	0	5
郭某	213班	华帝售后组	售后电话组临促客服	晚	晚	休	晚	晚	晚	晚	休	晚	晚	晚	晚	休	晚	晚	晚	晚	休	晚	晚	晚	晚	休	晚	晚	晚	休	晚	晚	晚	0	25	0	5
蔡某	212班	华帝售后组	售后电话组临促客服	晚	晚	晚	休	晚	晚	晚	休	晚	晚	晚	晚	晚	休	晚	晚	晚	晚	休	晚	晚	晚	晚	休	晚	晚	休	晚	晚	晚	0	25	0	5
孔某某	212班	华帝售后组	售后电话组临促客服	晚	晚	晚	晚	休	晚	晚	晚	休	晚	晚	晚	晚	休	晚	晚	晚	晚	休	晚	晚	晚	晚	休	晚	晚	晚	休	晚	晚	0	25	0	5
蒋某某	213班	海信冰洗	临促售前A组	中	中	早	早	休	早	早	休	中	中	中	中	中	休	中	中	中	休	中	中	中	休	中	中	中	中	中	中	中	中	10	0	15	5
卢某	213班	海信冰洗	临促售前A组	早	中	休	中	中	中	休	早	早	中	中	休	中	中	中	中	休	中	中	中	中	早	早	休	中	中	中	中	中	中	11	0	14	5
赖某某	213班	海信冰洗	临促售前A组	中	早	中	休	中	中	中	休	早	中	中	中	中	休	中	中	中	中	休	中	中	中	中	休	早	早	中	中	中	中	8	0	17	5
徐某某	213班	海信冰洗	临促售前B组	早	休	早	早	早	早	早	休	早	早	早	早	早	休	早	早	早	早	休	早	早	早	早	休	早	早	早	休	早	早	25	0	0	5
郭某某	213班	海信冰洗	临促售前B组	早	早	休	早	早	早	早	早	休	早	早	早	早	休	早	早	早	早	休	早	早	早	早	休	早	早	早	休	早	早	25	0	0	5
谢某某	213班	海信冰洗	临促售前B组	早	早	早	休	早	早	早	早	休	早	早	早	早	休	早	早	早	早	休	早	早	早	早	休	早	早	早	休	早	早	25	0	0	5
苏某某	213班	海信冰洗	临促售前B组	早	早	早	早	休	早	早	早	早	休	早	早	早	早	休	早	早	早	早	休	早	早	早	早	休	早	早	休	早	早	25	0	0	5
梁某某	213班	海信冰洗	临促售前B组	早	早	早	早	早	休	早	早	早	早	休	早	早	早	早	休	早	早	早	早	早	休	早	早	早	早	休	早	早	早	25	0	0	5
刘某	213班	海信冰洗	临促售前B组	中	中	休	中	中	中	中	中	休	中	中	中	中	休	中	中	中	中	休	中	中	中	中	休	中	中	中	中	中	中	0	0	25	5
谭某某	213班	海信冰洗	临促售前B组	中	中	中	休	中	中	中	休	中	中	中	中	休	中	中	中	中	休	中	中	中	中	休	中	中	中	中	休	中	中	0	0	25	5
王某某	213班	海信冰洗	临促售前B组	中	中	中	休	中	中	中	中	休	中	中	中	中	休	中	中	中	中	休	中	中	中	中	休	中	中	中	休	中	中	0	0	25	5
林某某	213班	海信冰洗	临促售前B组	中	休	中	中	中	中	中	休	中	中	中	中	中	休	中	中	中	中	休	中	中	中	中	休	中	中	休	中	中	中	0	0	25	5
焦某某	213班	海信冰洗	临促售前B组	中	中	中	中	中	中	休	中	中	中	中	中	休	中	中	中	中	休	中	中	中	中	休	中	中	中	中	休	中	中	0	0	25	5
黄某某	213班	海信冰洗	临促售后B组	早	休	早	早	早	早	休	早	早	早	早	早	休	早	早	早	休	早	早	早	早	休	早	早	早	早	早	早	早	早	25	0	0	5
卢某某	213班	海信冰洗	临促售后B组	早	早	早	休	早	早	早	休	早	早	早	早	早	休	早	早	早	休	早	早	早	早	休	早	早	早	休	早	早	早	25	0	0	5
杨某	213班	海信冰洗	临促售后B组	早	早	休	早	早	休	早	早	早	早	早	早	休		早	早	早	早	早	休	早	早	早	早	休	早	早	早	早	早	24	0	0	5
张某某	213班	海信冰洗	临促售后B组	中	中	中	中	休	中	中	中	休	中	中	中	中	休	中	中	中	中	休	中	中	中	中	休	中	中	中	中	休	中	0	0	25	5
区某某	213班	海信冰洗	临促售后B组	中	中	中	中	中	休	中	中	中	中	休	中	中	中	中	休	中	中	中	中	休	中	中	中	中	休	中	中	休	中	0	0	25	5
唐某某	213班	海信冰洗	临促售后B组	中	休	中	中	中	中	休	中	中	中	中	中	休	中	中	中	中	休	中	中	中	休	中	中	中	中	休	中	中	中	0	0	25	5
李某某	213班	海信冰洗	临促售前C组	中	中	休	中	中	中	中	休	中	中	中	中	中	休	中	中	中	中	休	中	中	中	中	休	中	中	中	中	中	中	0	0	25	5
关某某	213班	海信冰洗	临促售前C组	早	休	早	早	早	早	早	休	早	早	早	早	早	休	早	早	早	早	休	早	早	早	休	早	早	早	早	休	早	早	25	0	0	5
黄某某	213班	海信冰洗	临促售前C组	早	早	早	休	早	早	早	休	早	早	早	早	休	早	早	早	早	休	早	早	早	早	休	早	早	早	休	早	早	早	25	0	0	5

注：早班 8：30—17：30，午休时间 11：30—12：30；
晚班 13：00—21：00，晚休时间 17：00—18：00。

附录5 考核方案

网店运营推广职业技能等级证书考核方案

一、考核内容

网店运营推广职业技能等级证书分为初级、中级、高级三个等级。其中"网店运营推广（初级）"主要面向网店运营助理、网络编辑、网店美工、网店客服等岗位（群），完成商品上传与维护、营销活动设置、日常订单管理、首页设计与制作、详情页设计与制作、自定义页设计与制作、客户问题处理、交易促成以及客户关系维护等工作任务，具备网店开设与装修、客户服务能力。

二、考核报名

考生按照发布的考核通知自愿报名，院校组织本校学生统一报名、录入考生信息、审核考生资格，审核通过后进行报名缴费，收费标准按国家有关规定执行。考生申报时应按照报考的有关要求，确保填报的信息完整准确，工作履历和证明材料真实。如有虚假，取消报名资格；已参加考核的，则取消所有科目考核成绩；已获得证书的，将没收职业技能等级证书，注销网上查询系统中的相关数据。

三、考核办法

网店运营推广职业技能等级证书考核实行统一标准、统一命题、统一组织的考核制度，原则上每年举行多次考核。网店运营推广职业技能等级证书考核分为知识与技能考核。知识考核满分 100 分，共 100 道试题，其中单选题 50 道，多选题 30 道，判断题 20 道；技能考核满分 100 分。知识与技能考核合格标准均为 60 分，考核成绩均合格的考生可以获得相应级别的职业技能等级证书。考核时间安排如附表1。

附表 1 职业技能考试考核时间安排

等级	知识考核时间	技能考核时间
初级	60 分钟	150 分钟

附录6 政策文件

2023年"3+证书"考试技能证书目录

主考单位	证书名称	证书等级
广东省教育考试院	专业技能课程证书，包括电工、电子、机械、土木工程、化学、旅游、会计、教育基础综合、生物技术基础、美术基础、音乐综合、体育技能、护理、烹饪14种类型	E级及以上
教育部教育考试院（原教育部考试中心）	全国计算机等级证书、全国英语等级证书	合格
人力资源社会保障部门备案的职业技能考核鉴定机构、经人力资源社会保障部门备案公布的职业技能等级评价机构	职业资格证书（或职业技能等级证书），包括汽车维修工、电工、保育员（师）、车工、电梯安装维修工、锻造工、防水工、钢筋工、焊工、混凝土工、机床装调维修工、架子工、模具工、钳工、中式烹调师、中式面点师、西式烹调师、西式面点师、铣工、制冷工、铸造工、制图员、消防安全管理员、电子商务师、医药商品购销员、信息通信网络运行管理员、网络与信息安全管理员、计算机程序设计员、建筑信息模型技术员、区块链应用操作员、企业人力资源管理师、工程测量员、无人机测绘操控员、农产品食品检验员、贵金属首饰与宝玉石检测员、园林绿化工、养老护理员、家政服务员、计算机维修工、动画制作员、公共营养师、农业技术员、动物疫病防治员、服装制版师、汽车装调工、无人机装调检修工、广电和通信设备调试工、工业废水处理工、公路养护工、制冷空调系统安装维修工、工业机器人系统运维员、化学检验员52种。 证书查询网址：http://jndj.osta.org.cn/	中级及以上
"1+X证书制度试点"职业技能等级证书	证书目录见网址： https://gdx.gdpi.edu.cn/info/1005/1384.htm	
卫生行政主管部门	护士执业资格考试成绩合格证明或护士执业证书	合格

注：1.考生须持以上证书之一方可报考"3+证书"考试。

2.考生须对填写证书信息的真实性负责。招生院校在录取时须对相关证书进行核验。证书不符合招生专业要求或核验不通过的考生，作退档处理。